Coaching
Esportivo
& Saúde

Copyright© 2015 by Editora Ser Mais Ltda.
Todos os direitos desta edição são reservados à Editora Ser Mais Ltda.

Presidente:
Mauricio Sita

Capa:
Estúdio Mulata

Diagramação
Gustavo Quinteros e Candido de Castro Ferreira Jr.

Revisão:
Equipe da Editora Ser Mais

Gerente de Projetos:
Gleide Santos

Diretora de Operações:
Alessandra Ksenhuck

Diretora Executiva:
Julyana Rosa

Relacionamento com o cliente:
Claudia Pires

Impressão:
Imprensa da Fé

Dados Internacionais de Catalogação na Publicação (CIP)
(Câmara Brasileira do Livro, SP, Brasil)

Coaching esportivo & saúde : estratégias para melhorar o rendimento esportivo e o bem-estar físico / André Percia, Daniel Abissamra & Mauricio Sita [organizadores]. -- São Paulo : Editora Ser Mais, 2015.

Vários autores.
Bibliografia.
ISBN 978-85-63178-79-4

1. Coaching esportivo 2. Esportes - Carreira profissional - Desenvolvimento 3. Esportes - Treinamento 4. Performance 5. Saúde - Promoção I. Percia, André. II. Abissamra, Daniel. III. Sita, Mauricio.

15-07244   CDD-796.077

Índices para catálogo sistemático:

1. Coaching esportivo e saúde : Esportes 796.077

Editora Ser Mais Ltda
Rua Antônio Augusto Covello, 472 – Vila Mariana – São Paulo, SP – CEP 01550-060
Fone/fax: (0**11) 2659-0968
Site: www.editorasermais.com.br e-mail: contato@revistasermais.com.br

Sumário

1   O *coaching* para a saúde em uma visão sazonal, sistêmica e multifocal
Adalberto Nazareth..5

2   O campeão que existe em você
Amilcar Tupiassu Filho..13

3   O controle da respiração e o aumento da performance física e mental
Angela Cota..21

4   *Coaching* aplicado ao esporte & emagrecimento
Bruna Karin Bragagnolo..29

5   *Tennis flow feeling*
Clayton Jeter..37

6   Na saúde ou na doença
Célia Maria de Souza...45

7   Condicionamento mental
Daniel Mussi...53

8   Conheça uma das profissões que mais crescem no Brasil e no mundo
Evelyn Vinocur...61

9   Plano integral de Bem-Estar – PIBE©
Fábio Oliveira & Rudney Uezu..69

10   *Coaching* aplicado as quatro personalidades básicas humanas com as três autoqualidades internas: familiar - social - profissional - pessoal
Fábio Soler...77

11   *Coaching* com foco em emagrecimento
Fernanda Camilo David...83

12   Sugestão metodológica de *coaching* esportivo
Ivan de Marco..91

13   *Coaching* para o voleibol
Jorginho (Jorge Luiz Teixeira)...99

14 Treinamento e competição para atletas com outra profissão principal – uma visão do enxadrista
José Augusto Correa..**107**

15 As emoções e a importância do equilíbrio físico e mental
Uma abordagem do *coaching* na saúde
Keith Bacellar..**115**

16 A autoconfiança no desempenho esportivo
Ligia Galvani...**123**

17 Atitudes ligadas à longevidade e ao bem-estar
Lydiane Rodrigues..**131**

18 Obesidade na linha do tempo e emagrecimento
Maria de Fatima Freitas...**139**

19 Aprendendo a ser *coach* de si mesmo - Uma atitude de atenção constante ao próprio corpo, mente e olhos
Marianne Asmussen Aguirre..**147**

20 As quatro turbinas do sucesso esportivo
Mario Jorge Hilarino..**155**

21 Saúde-se
Mônica Petrocelli...**163**

22 Treinamento psicológico: melhore o desempenho e atinja o seu pico de performance
Renata de Azevedo..**171**

23 Yoga – alta performance para vencer nos esportes e na vida
Renilson Alves Durães..**179**

24 *Coach* esportivo para atletas de futebol
Ricardo Policarpo de Oliveira..**187**

25 *Coaching* esportivo e desenvolvimento
Suzy Fleury..**195**

26 Como surgiu o *coaching* esportivo
Taissa Amorim..**211**

27 *Coaching* saúde e *coaching* esporte
Tânia Regina Douzats Vellasco...**217**

1

O *coaching* para a saúde em uma visão sazonal, sistêmica e multifocal

Entenda o *coaching* para saúde na visão sazonal, vendo o cliente de forma sistêmica e integrada de corpo e mente. Apresentarei a seguir um artigo de característica filosófica que irá sugerir a utilização da teoria da periodização sazonal sistêmica e a teoria da inteligência multifocal de uma forma integrada ao processo de *life coaching* com foco na saúde

Adalberto Nazareth

Adalberto Nazareth

Graduado em Licenciatura plena em Educação Física, com especialização em Preparação Física nos Esportes ambos pela USP, atualmente é gerente de operações da Academia Kainágua e gestor de atividade física personalizada para famílias. Em seu histórico profissional destacam-se o pioneirismo na implantação de atividade física personalizada em academias (1990, Academia Kainágua) e implantação de gestão por competências, psicologia esportiva e o conceito de reabilitação física pós-fisioterapia para categorias de base do São Paulo F. C. enquanto Gerente Esportivo (1996 – 2001). Complementam sua formação acadêmica a Especialização em Administração para profissionais do esporte (FGV) e certificações internacionais. *Master Practitioner* em PNL avançada (Global NLP Training and Consulting Community), Líder *Coach* ("Corporate Coach U", entidade americana de reconhecimento mundial em Coaching Corporativo), *Coaching* Multifocal (Florida Christian University) e *Master Trainer Technogym*.

Contatos
www.ancoaching.com.br
beto@ancoaching.com.br

Adalberto Nazareth

Introdução

Entendo como saúde o funcionamento normal do organismo humano que engloba a parte física e mental. Dentro dessa classificação, a Organização Mundial da Saúde ainda inclui o bem-estar social entre os indivíduos.

É dessa definição que foco o presente artigo, que sugerirá uma visão teórica que possa ser aplicada e que influencie pessoas a pesquisar, debater e criticar seus fundamentos, ampliando o conhecimento para o desenvolvimento de pessoas mais felizes e saudáveis, que refletirão em um mundo melhor.

As ideias aqui sugeridas foram desenvolvidas a partir da teoria geral dos sistemas e da programação neurolinguística, sustentando a visão sistêmica. Pesquisas de epidemiologia na base do pensamento sazonal, a teoria da inteligência multifocal no trabalho de fortalecimento dos processos mentais e a teoria da periodização do treinamento de Matveev, como base da matriz de sazonalidade sugerida para aplicação no *coaching*.

Teoria da Periodização Sazonal Sistêmica

No desenvolvimento de meu trabalho como *personal trainer*, havia algo que me deixava desconfortável. Quando os clientes estavam perto de atingir os objetivos propostos, abandonavam os treinos.

Comecei então a observar os fatos e anotar tudo o que ocorria, com cada cliente, relacionado a interrupções de treino. Dentro das observações, a sazonalidade me chamou a atenção por estar sempre presente nos afastamentos por doenças e no *stress* relacionado ao trabalho do cliente, que se repetiam ano a ano, e eram estatisticamente os maiores fatores de interrupção.

Iniciei os estudos procurando uma relação entre atividade física, doenças sazonais, *stress* e qualidade de vida. Ficava cada vez mais evidente a presença da sazonalidade e os ciclos na vida.

Observem as unidades de tempo diferentes. Em 24 horas existem os ciclos circadianos; em 1 mês, ciclos menstruais e fases da lua; em um ano, ciclos de trabalho, de aprendizagem, climáticos, férias e também mudanças na composição corporal. Expandindo, vemos as fases da vida, da história e do planeta.

Surgiram então as questões que nortearam toda a teoria:
- Se o cliente faltar menos, quão mais saudável ele ficará?
- Como minimizar as interrupções no treino?
- É possível preparar o sistema respiratório durante a primavera

e verão para diminuir a sobrecarga nesse sistema durante o inverno e assim diminuir a incidência de doenças dessa estação?
- Quais os benefícios, prejuízos e técnicas necessárias para essa aplicação?
- Qual a característica comportamental do ser humano durante o inverno e verão?
- Existe algo nessas características gerais que prejudique a sua saúde de alguma forma?
- Nesse contexto, como o exercício físico pode contribuir?
- As pessoas sabem o seu foco principal de *stress* e quando ocorre em maior frequência?
- Nesse foco, como poderia adequar os treinos de forma que estes não fossem um novo agente estressante?
- Essa teoria poderá ser aplicada em grandes populações, se estiver certa, diminuindo os gastos com saúde?

Passei então a observar e questionar os clientes de forma sutil e periodizar o treino (planejar dentro de critérios físicos organizados sistematicamente), técnica desenvolvida na preparação física dos esportes, onde levei em consideração as sazonalidades climáticas como base fundamental de planejamento.

Fiquei muito motivado. Os resultados foram surgindo na melhoria de performance e, principalmente, no comprometimento do cliente com o processo. Houve diminuição de doenças oportunistas em frequência e intensidade e maior variedade nos treinos durante o ciclo anual, não deixando o processo monótono. Em sete anos de aplicação, de 2002 a 2009, com 15 clientes, nenhum abandonou os treinos e obtiveram melhora contínua na qualidade de vida, segundo eles próprios.

Simploriamente a filosofia do trabalho consistia em procurar qual tipo de resposta imunológica cada tipo de treino (força muscular localizada X aeróbico) propiciava ao organismo e como poderia me utilizar desse benefício, para diminuir incidência das doenças oportunistas sazonais pelo fortalecimento do sistema imunológico.

As relações começaram a aparecer e fui organizando a metodologia de treino nessa visão.

Basicamente, durante o verão e outono o objetivo principal era o treino aeróbico e manutenção do trabalho de força. No inverno e primavera invertia o ciclo e voltava a inverter novamente no novo verão. Nas estações intermediárias fazia o processo de transição.

Percebi outras grandes vantagens da metodologia. Veja e analise:

Possibilidade de desenvolvimento de pesquisa científica aplicada, devido às características organizacionais do método.

Ao aplicar essa matriz, ficou mais fácil planejar os treinos e avaliar o desenrolar do planejamento, vinda da visão anual dos trabalhos realizados e não realizados, tornando a planilha uma forma simples e flexível de acompanhamento do processo.

Houve um menor aumento de massa gorda dos clientes durante o inverno e maior aumento de massa magra, comparando-se o cliente com ele mesmo medido em agosto, período que fazia uma das duas avaliações anuais. Talvez ocorresse pela natural dieta hipercalórica da estação em que o treino de força pode se beneficiar?

Focando no *coaching*, vejo possibilidades interessantes. Ao enquadrar o estado atual e o estado desejado na planilha sazonal, após o *coach* ter feito todos os processos necessários até chegar a eles, ampliamos a visão sistêmica do cliente, conectamos mais ele ao estado atual, pois passará a ser mais específico (hoje, dia X, época do ano Y, na fase de vida W, etc.), possibilitando identificar mais facilmente barreiras e incluindo percepções sinestésicas do momento.

Teremos uma planilha de controle do processo pronta (planejado X realizado), podendo adaptá-la dentro de uma planilha de gerenciamento de projetos. Por exemplo, caso haja maior necessidade de controles demandados pelas exigências do cliente.

Possibilidade de visão sazonal sistêmica relacionada à determinação de metas focadas à saúde, tipo alimentação e atividades físicas, específicas de cada um, dão uma visão melhor da dosagem e característica desejada de cada objetivo proposto em função do ciclo sazonal do momento.

A seguir dou um exemplo de visão de planilha e processo pedagógico para ilustrar o que estou falando. Dentro dessas planilhas é possível adaptar qualquer objetivo e período que o processo demandar, pois o único fator determinante é o estado atual (hoje), o estado desejado (futuro) e a sazonalidade envolvida nesse processo (enquadramento sazonal). As outras necessidades de controle e modelo devem ser desenvolvidas para as necessidades de cada cliente com mais ou menos detalhes.

Visão pedagógica

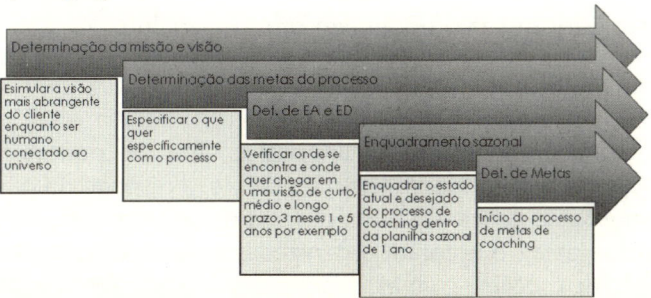

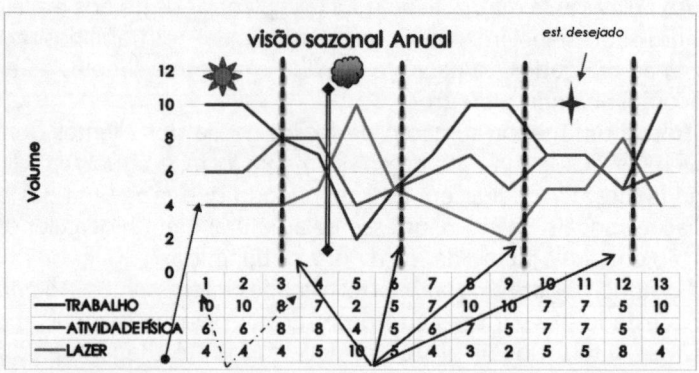

A visão sistêmica do cliente

Na definição clássica, visão sistêmica é a capacidade de identificar as ligações de fatos particulares do sistema em análise com o todo. Essa abordagem, segundo Martineli (2006, p.3), foi desenvolvida com o objetivo de explicar relações complexas para a ciência.

Dentro da definição de sistemas, o cliente deve ser analisado como um sistema que sofre interações do ambiente em que está inserido. Por definição, sistemas que sofrem interações são chamados de sistemas abertos.

Na análise sistêmica me aproprio de um pressuposto da PNL (programação neurolinguística) que diz: "mente e corpo formam um único sistema".

Procure criticar essa pressuposição no sentido de encontrar algo que a contradiz de forma cabal.

Pensei: "Se trabalhar o corpo sem trabalhar a mente do cliente, no processo de *coaching* pra a saúde, esse não será completo".

Na busca de teorias que se encaixem naquilo que acredito para integrar o trabalho físico, com um adequado "controle" da mente objetivando a saúde integral, fui agraciado pela teoria da inteligência multifocal do renomado escritor brasileiro e psiquiatra Dr. Augusto Cury, que deu origem ao *coaching* multifocal.

A teoria multifocal

A teoria da inteligência multifocal é uma das poucas teorias mundiais sobre o funcionamento da mente, a respeito da dinâmica das emoções e construções de cadeias de pensamentos, imagens mentais e ideias, que foram organizadas pelo autor dentro de um processo de *coaching* com esse foco.

Adalberto Nazareth

Resumidamente, a Teoria da Inteligência Multifocal atua em três grandes áreas. Os registros automáticos de memória, as leituras da memória na construção de pensamentos, imagens mentais, ideias e fantasias que constroem o Eu, em diversos ângulos de autopercepção. Por exemplo, ¨como estou¨ e ¨quem sou¨ juntas formam a terceira área, que são todos os comportamentos perceptíveis.

Segundo o Dr. Augusto Cury, "em nossa mente existem quatro armadilhas que bloqueiam nossa inteligência, asfixiam nossas emoções e acabam por impedir de alguma forma a execução de nossos projetos de vida. São elas: o conformismo, o coitadismo, o medo de reconhecer os erros e o medo de correr riscos". Para combatê-los, em seus mais de 20 anos de estudos nessa linha de pesquisa, o Dr. Augusto propõe a utilização de nove ferramentas que são chamadas de códigos da inteligência, que se adequam facilmente ao processo de *coaching*. Dentro dele sugiro trabalharmos um por semana, ligando-os às *outras* tarefas do cliente.

São eles:

Código 1 – Eu como gestor do intelecto
Código que aborda a consciência do eu, dá poder ao *coachee*. É sua capacidade de escolha, faz com que ele questione os pensamentos limitantes, busca preservar a saúde psíquica, traz tranquilidade. Ao trabalhar esse código, daremos tarefas relacionadas a criticar seus pensamentos e emoções limitantes do dia a dia e reflexões a respeito de seu papel no mundo.

Código 2 –Autocrítica
Pensar antes de reagir, avaliar as consequências e buscar expandir os níveis de paciência e tranquilidade. São sugeridos exercícios de *stop* introspectivo. Pare, pense, aja.

Código 3 – Resiliência
Busca a capacidade de se adaptar às intempéries da vida, usar as adversidades como oportunidades de aprendizado. Torna a pessoa segura, estruturada. São dados exercícios relacionados a dar consciência aos ciclos da vida e aprendizado às falhas, por menores que sejam.

Código 4 – Altruísmo
Amor, paixão pela humanidade, solidarizar-se com quem falha, expandir o nível de afetividade. Elimina o egocentrismo. São dados exercícios relacionados a ajudar quem necessita, prazer em doar-se sem viver a história do outro.

Código 5 – Debate de ideias
Código da ousadia, determinação, superar o medo do novo, trabalhar em equipe, interagir. A pessoa deixa de ser influenciável. São dados exercícios para expor e não impor ideias, mostrar o que se pensa com respeito.

Código 6 – Carisma
Capacidade de encantar os outros e a si mesmo, valorizar o que tem e não o que não tem. Estimula a se tornar amado. São dados exercícios relacionados a elogiar os outros, agradecer, valorizar as pequenas coisas e cultivar diariamente o romantismo pela vida.
Código 7- Intuição criativa
Liberta o imaginário, o pensamento multiangular. Busca a inventividade. São dados exercícios relacionados a questionamento de paradigmas, análise multiangular, fazer o que nunca foi feito na busca de seu objetivo.
Código 8 – Eu como gestor da emoção
Gerenciar nossas angústias, aflições e inseguranças. Libertar nossa mente para o criativo, sem a escravidão do medo e da angústia. Foco na segurança e em viver a vida com mais aventura, um deleite. São dados exercícios relacionados a debates com emoções limitantes, blindagem do Eu, não permitir que ele seja invadido.
Código 9 – Prazer de viver
Fundamenta o sentido da vida, oxigena nossas emoções, nos torna pacientes, tolerantes, apaixonados pela vida. São dados exercícios relacionados à contemplação, sonhos focados no lazer.

Considerações finais

Entendo o *coaching* para a saúde como uma área do *coaching* de vida. Assim visto, podemos ter um pouco mais de flexibilidade em relação à duração do processo.

Apesar de mais flexível, o *coaching* de vida é uma técnica desenvolvida academicamente, onde suas regras fundamentais devem ser respeitadas. Se não o forem, não pode ser chamado de *coaching*, mas de qualquer outra técnica. Penso em uma investigação mais apurada da meta do processo. Estaremos trabalhando com a saúde do cliente, sendo assim única e complexa.

Pedagogicamente, *coaching* é um processo de aprendizado com fases como qualquer outro. Dentro dessa visão, devemos entender a necessidade de um *continuum* de aprendizagem. Entendendo a necessidade, o *coach* deve estar sempre monitorando os aprendizados passados no processo, para que sejam realmente incorporados na vida do cliente.

Brinquem com esse modelo que proponho, observem a ampliação de possibilidades que irão ocorrer a partir do ponto do observador, sem a perda do foco.

Boa diversão!

2

O campeão que existe em você

Como se superar nos esportes usando a metodologia do *coaching* e mais o que você vai descobrir nas páginas seguintes. Como um atleta pode encontrar dentro de si recursos pouco usados pelos adversários e como um *coach* experiente pode ajudar você a liberar esses recursos e ter um desempenho acima da média ou ainda vencer mesmo em condições pouco favoráveis. Desde trabalhar aspectos básicos como o físico até o entrelaçamento com a mente e a criatividade é apresentado

Amilcar Tupiassu Filho

Amilcar Tupiassu Filho

Leader coach, professor e palestrante em âmbito nacional, com MBA em Gestão de Negócios e Tecnologia da Informação pela FGV. Mestre em Programação Neurolinguística e *Master trainer* em PNL. Administrador de Empresas. Formação em Marketing e Motivação, Cibernética Social, Hipnose Standard e Ericksoniana, Controle Mental - Academia Brasileira de Ciências Mentais (SP) e Associação Azul de Pesquisas da Mente (PR). Especialista em Neurossemântica, sempre atualizado e participando dos eventos importantes na área. Empresário, trabalha como *personal coach*. É membro da Equipe de Presidentes Executivos na Herbalife. Desde 1993 apoia pessoas a melhorarem suas qualidades de vida e descobrirem seus potenciais, tendo entre seus clientes desde pessoas que se tornaram presidentes de empresas e líderes de segmento até atletas que conquistaram ouro em competições nacionais e internacionais.

Contatos
www.amilcarcoach.com.br
amilcar@amilcarcoach.com.br
(91) 98845-0505

Amilcar Tupiassu Filho

C om essa entrevista, você vai ler, depois ouvir, sentir a construção desse resultado extraordinário. Desfrute.
Entrevista com Edson Leonardo, Campeão Brasileiro de Karatê.

Professor e *personal trainer* Edson Leonardo (EL), o que o motivou a procurar o *coach* Amilcar Tupiassu em novembro de 2012?
Eu acredito muito no poder da mente, no poder do pensamento. Já sabendo que o Amilcar trabalha com (programação) neurolinguística, resolvi fazer algo diferente para que eu tivesse êxito na minha atividade competitiva. Treino karatê. E dentro do karatê já se tem uma certa ação com a mente, mas nada igual à neurolinguística. Como ele é conhecedor do assunto, resolvi lançar mão das técnicas da neurolinguística para ter êxito dentro do karatê, que é o meu principal objetivo no momento.

Então a sua meta era qual especificamente?
Como todo atleta, queria ser campeão naquele momento. Só que para ser campeão o atleta não precisa só da técnica (no esporte que ele pratica), tem que se ter um preparo mental e psicológico bom. O que eu almejava naquela época era que, quando eu chegasse no momento da competição, eu me sentisse em casa e não sentisse aquela tensão pré-competição que a maioria dos atletas tem. Então a minha meta não era ser campeão, era me sentir em casa no momento e a partir dali traçar estratégias pra ser bem-sucedido na luta.

E há um ano, como estava seu histórico de lutas ou de treinamento?
Um ano atrás eu não diria que estava ruim, mas poderia melhorar, porque, apesar dos resultados, sempre ganhei alguma coisa nas competições, sempre estive entre os três primeiros. Só que eu queria algo diferente, queria não só estar no pódio, queria mudar a maneira como eu iria me sentir dentro de uma luta, dentro de uma competição.

E você estava parado já há algum tempo. Estava justamente querendo retomar isso, se fortalecer?
Eu estava meio ausente das competições, mas estava treinando. Como eu queria alcançar resultados de autocontrole diferentes e melhores, procurei o *coach* Amilcar.

E como você resumiria o que aconteceu durante as sessões?
Era algo assim que eu poderia dizer transcendental, parece que eu me transportava para o momento da competição, era algo muito, muito, muito bom. Tinha dias que eu chegava um pouquinho cansado e estressado. Relaxava de uma maneira, que eu saía de lá outra pessoa.

E quais foram os principais resultados?
Nesse mesmo ano que a gente começou o *coaching*, objetivando a competição de karatê, fui para a final do campeonato norte e nordeste. No campeonato Brasileiro de karatê no Rio de Janeiro fui campeão, fomos campeões por equipe e todas as lutas que fiz na equipe eu ganhei.

Uau! Num campeonato, ganhar todas as lutas é realmente maravilhoso. Por que você recomendaria o trabalho com *coaching* e o trabalho desse profissional?
Não tem nada melhor do que se conhecer perante qualquer situação e achar respostas que você mesmo tem. E no que o Amilcar me ajudou? Foi procurar essas respostas em mim mesmo, procurar as saídas em mim mesmo. Além disso, ele pode oferecer ferramentas para que você possa retomar o seu autocontrole dentro de determinada situação, em qualquer que você possa estar passando. Seja numa competição, seja na vida pessoal, no trabalho, no estudo, ele oferece essas ferramentas. Então é algo que eu poderia dizer que seja indispensável, porque o que ele ensina, o que ele aplica em você, dá para levar para a vida toda.

Você gostaria de comentar mais alguma coisa que você aplicou na sua vida, no seu trabalho, depois do *coaching*?
Na vida pessoal eu consegui ter uma visão melhor frente às situações e consegui achar as respostas do que fazer naquele momento. Isso me ajudou muito no meu autocontrole (...) é muito válido a gente aprender o autocontrole e se descobrir com a neurolinguística e o *coaching*.

Outra coisa que o nosso público poderá gostar de saber, o que você pode comentar sobre a evolução do desempenho no decorrer das semanas do processo de *coaching*?
Foi uma evolução consideravelmente rápida em relação a outras terapias que fiz. O *coaching* consegue atingir a raiz do problema que eu diria que em 100% das vezes está instalada na sua pró-

pria mente. Quando ele atinge isso, a raiz, o problema se resolve muito mais rapidamente, a solução aparece muito mais rapidamente e, claro, a evolução é mais rápida. Isso o incentiva a cada vez mais estar no *coaching*, você percebe que a evolução é rápida e se sente mais seguro nas suas ações.

Como foi lutar com atletas de altíssimo nível, alguns deles até mais jovens que você e com mais tempo para treinar?
Foi gratificante. Foi satisfatório porque esse é um detalhe que às vezes o atleta se deixa abalar por saber que seu adversário tem mais tempo de treino. Alguns são da seleção brasileira e, se você não estiver mentalmente preparado, você se deixa abater por isso. Só que foi diferente isso comigo. Depois das sessões do *coaching* fiquei bem mais seguro, mais confiante em mim, tanto é que o resultado foi muito bom. Num (campeonato) eu fui vice-campeão depois de estar parado e no outro, fui campeão. Então foi gratificante (...) e o resultado fala por si.

O que mudou na sua rotina diária ou na rotina de treinamento depois das sessões de *coaching*?
Eu fiquei muito mais centrado, muito mais concentrado na atividade em questão, não só no karatê, mas como nas outras também. Vendo várias possibilidades dentro de uma situação, e conseguindo ver os detalhes dela, por exemplo, dentro de uma luta, qualquer movimento mais discreto que o seu adversário faça, ele pode estar, sem saber, avisando que vai sair o ataque dele. O *coaching* me despertou para isso, né? Detalhes mínimos como, por exemplo, o mexer de uma sobrancelha ou a boca involuntariamente, e conseguir perceber, aí dá para você agir da melhor maneira. A mesma coisa ocorre na vida particular, dá para você numa conversa se sintonizar com o seu ouvinte e dá para, em questão de segundos, traçar estratégias e elaborar a melhor resposta, a melhor ação.

E para quem seria útil escutar as suas declarações de resultado?
Indiscutivelmente atletas que queiram resultados diferentes e outras pessoas que querem ter resultados outros na sua vida pessoal, na sua vida profissional. Enfim, pessoas que almejam resultados diferentes, principalmente aquelas que querem a mudança interna, porque às vezes uma mudança interna é difícil da pessoa conseguir sozinha. O *coaching* pode viabilizar isso.

Coaching Esportivo & Saúde

A estratégia

O caso do *personal* Edson Leonardo foi um grande desafio para mim. Antes dele, os únicos atletas de alto nível que eu havia cuidado foram Josiane Lima, Medalha de Ouro no Campeonato Pan-americano Junior de Taekwondo (2005) e Ney Rodrigo, 4º lugar mundial e 6o lugar no brasileiro de Jiu Jitsu (2004). Porém, com estes eu havia usado somente suplementos nutricionais fabricados pela Herbalife, pois o foco deles era somente diminuir o percentual de gordura corporal e alcançar um peso adequado para lutar. Para o Edson era diferente. Há anos ele não competia com os melhores do Brasil. E o contato com o mestre Machida (pai do campeão de MMA Lyoto Machida) havia dado a ele a vontade de melhorar a sua concentração e o uso da mente. Ele já sabia tranquilizar a mente e sabia que isso era muito útil.

"Como fazer deste cliente um campeão?", pensei

No início utilizei as perguntas usuais do processo de *coaching* até descobrir, especificamente, o que ele queria. Em seguida, perguntei as opções para conseguir isso.

Vamos construindo um roteiro básico do caminho que levou o Edson a vencer todas as lutas que travou no campeonato brasileiro de karatê. Recomendo que pegue um caderno e vá respondendo você mesmo essas perguntas.

1. O que você quer especificamente?
2. Quais as opções para você conseguir isso?

Fiz mais algumas perguntas para garantir a "ecologia" de algumas alternativas que ele deu, isso você encontra facilmente em algum bom livro sobre *coaching*. Em seguida, começamos a trabalhar sobre o "quero mudar a maneira como eu me sinto dentro de uma luta, dentro de uma competição". Essa meta era bem diferente de "quero ser campeão". Esse é um dos motivos pelos quais a metodologia do *coaching* que utilizo é tão eficiente, pois o *coachee* fica muito motivado em conquistar uma meta que realmente é sua e não foi fabricada pelo seu treinador, seu familiar ou até mesmo por outro profissional.

Como eu tive o privilégio em ter grandes mestres e beber direto da fonte, passei a criar o "*coaching container*" desenvolvido pelo Robert Dilts e a criatividade do Edson aflorava rapidamente. Além disso, usei algumas induções de hipnose ericksoniana para acelerar o processo.

Amilcar Tupiassu Filho

Também investimos tempo em criar o "Círculo de Excelência" do Edson, que ele passou a usar antes de todos os treinos e quando quisesse, no trabalho e até no dia a dia com pessoas difíceis.

Depois que ele aprendeu a entrar num estado alterado e realmente "reviver" ou "imaginar vividamente" as lutas, usando imagens, sons, sensações, nós começamos a investigar como ele criava as sensações logo antes da luta. Ele percebeu que fabricava a ansiedade, que os amigos ficavam ansiosos e tensos, e ele percebia que estava na hora de ele mesmo ficar tenso.

Para lidar com isso, usei seguidamente a indução de Pseudo Orientação Temporal, que é uma indução hipnótica interessante, na qual o *coachee* "vê o próprio futuro", e, ao voltar ao presente, tem a experiência dos erros e acertos dessa experiência, de ter vivenciado o futuro. E quando o futuro efetivamente acontece, não precisa repetir os erros.

Então, um resumo de tudo acima seria:

3. Encontrar uma maneira de entrar num estado de recursos: "Círculo de Excelência".
4. Aprender a antecipar os desafios do caminho da vitória.
5. Usar no dia a dia os *insights* e novos recursos aprendidos.

Dei de presente ao Edson o trabalho de ir até os treinos dele de madrugada e filmar os momentos de luta, que assistimos juntos nas sessões. Isso foi útil para ele aprimorar ainda mais as pistas de acuidade sensorial que ele usaria para "ver os movimentos que o oponente usaria" e "antecipar golpes". Mestre Machida falava isso e ele sabia que era possível, só não sabia ao certo como fazer isso sempre.

Essa metodologia passou a ser científica a partir dos trabalhos de análise de microexpressões do Dr. Paul Ackman e aprofundei isso com a facilitadora no Metaforum de 2012.

Passadas algumas semanas, surgiu uma outra meta no processo de *coaching* do Edson: vencer o campeonato Norte-Nordeste de karatê (...). Isso poderia ser impossível em função da idade e do tempo sem lutar em campeonatos. Então fiz perguntas para enfraquecer as crenças limitadoras:

a) Existe ou existiu alguém na sua idade que já venceu competição semelhante?
b) Alguém que tenha treinado anos atrás e que retome o treinamento meses antes da competição pode vencê-la?

Coaching Esportivo & Saúde

No início, além de ele dizer sim, havia alguns sinais de objeção. Se essa objeção surgisse durante o campeonato poderia ser fatal. Então continuamos a trabalhar os detalhes e buscar "a diferença que faria a diferença" para a vitória.

Numa das sessões, ele conseguiu visualizar nitidamente a luta futura e em seguida subir no pódio. Esse filme que ele mesmo criou nós repetimos várias vezes. Ele levou como tarefa na viagem repetir essa visualização todos os dias e até várias vezes por dia.

Então mais um resumo do que fizemos seria:

6. Filmar as lutas e assisti-las em busca de padrões em si mesmo e nos adversários, além de *insights* novos.
7. Perguntar "mais alguma coisa?" em relação às metas.
8. Lidar com as objeções e no caso com as crenças limitadoras que surgiram.
9. Criar um "filme mental" da meta a ser alcançada e repassá-lo diariamente.

Durante o campeonato ele foi vencendo. Nas quartas de final venceu também o atual campeão na época que também venceu. A final entre o campeão e Edson resultou na frase: "se fosse outro atleta, eu teria vencido". Percebi que faltava pouco para ele conseguir se sentir realmente bem e ser campeão. Nos certificamos que em cada encontro ele visualizasse a vitória e que a cada treino ele sentisse, ouvisse e visse os movimentos do adversário e antecipasse seus movimentos. Como resultado, todas as lutas seguintes, quando participou do campeonato brasileiro, foram vencidas.

Lembre-se finalmente: se você tiver um sonho que vale a pena, vai encontrar o "como alcançar". Conte comigo!

3

O controle da respiração e o aumento da performance física e mental

Exercícios respiratórios adequados podem nos ajudar a ficar mais alertas, a acalmar, a concentrar, a relaxar. Além disso, a respiração é o remédio mais barato e um dos mais eficazes contra uma série de males: estresse, pânico, ansiedade, hipertensão, depressão, insônia e também pode aumentar a capacidade de atenção, aumentar o fluxo de sangue para o coração e controle de dores

Angela Cota

Angela Cota

Psicóloga Clínica, especialista pelo Conselho Federal de Psicologia, com mais de 40 anos de experiência. Mestra em Psicoterapia e Hipnoterapia Ericksoniana pelo Centro Ericksoniano do México. Pós-graduada em Terapia Familiar pela UFMG. Formadora de Profissionais com o Certificate of Teaching Competence da The Milton H. Erickson Foundation em Phoenix, EUA. Fundadora e Presidente do Instituto Milton H. Erickson de Belo Horizonte. Presidente da Associação Mineira de Hipnose. Membro da Associação Brasileira de Terapia Cognitiva. Autora dos livros: Abrindo Portas com Amor, Editora Diamante, Belo Horizonte, 2005. Melhores Pais, Melhores Filhos, Editora Diamante, Belo Horizonte, 2012.

Contatos
www.psicocentro.com.br
www.ericksonbh.com.br
(31) 3296-5299 - Psicocentro
(31) 3344-8447 - Instituto Milton H. Erickson

Angela Cota

A importância da respiração pode ser explicada por uma antiga história indiana:
"Ocorreu uma disputa entre todos os sentidos para saber qual deles era o mais importante. Recorreram então a Brahma, o criador na mitologia indiana, buscando a resposta. Brahma então sugeriu que o mais importante seria aquele cujo afastamento fizesse o corpo piorar mais. Assim, os sentidos propuseram que cada um se afastasse por um ano para que os outros pudessem avaliar o efeito de sua ausência. Até chegar o momento da respiração se afastar. Ao fazê-lo os demais sentidos começaram a falhar e o corpo virou uma grande confusão. E assim é. A respiração alimenta todos os nossos sentidos, nossas funções orgânicas, células, órgãos. Nos mantém vivos. Respirar foi a primeira coisa que fizemos ao entrar nesse mundo e será a última que faremos."

Como já dizia Nuno Cobra[1]: "Não controlamos nosso organismo, mas a respiração é um portal para ele. Por meio dela é possível apaziguar o espírito e colocar em ordem o que está errado".

Introdução

Para aproveitar ao máximo o que uma boa respiração pode fazer por você, aprender a observar a sua própria respiração e a assumir a postura correta para o exercício respiratório são passos importantes. Exercícios respiratórios podem ser executados enquanto estamos em pé, assentados ou deitados. Como deitar está muito associado ao ato de dormir, essa posição é aconselhável quando o objetivo estiver relacionado ao sono ou a algum relaxamento associado a ele. Para a maioria dos exercícios, a posição mais recomendada é a de estarmos assentados e com a coluna ereta. Segundo Epstein (1989, p.42):

> "Sentar com a coluna ereta também melhora sua respiração: seus pulmões precisam dessa posição vertical para poder se expandir completamente; e a respiração consciente, como todos os antigos médicos e curandeiros já sabiam, eleva o estado de alerta e a atenção para com os processos mentais. Nós nos tornamos mais sintonizados com nossa vida interna à medida que nos tornamos mais conscientes da nossa respiração".

---

1 Nuno Cobra é um famoso treinador de atletas e tem em seu currículo o treinamento de atletas de renome internacional, incluindo Jaime Oncins, Christian Fittipaldi, Patricia Medrado, Rubinho Barrichelo, Mika Hakinnen e Ayrton Senna.

Inspiração e expiração

A inspiração é antes de tudo, expansão. O vácuo pulmonar gerado pela contração do diafragma e pela expansão dos músculos torácicos faz com que o ar de fora penetre nos pulmões.
Semelhante à inspiração, por ser suave e contínua, a expiração é importante porque representa não só o ato de esvaziar os pulmões, mas também o ato de esvaziar a mente. Selby (2004 p.42) afirma que "... pode-se ainda atentar para a expiração a fim de eliminar tensões emocionais e os sentimentos negativos, de sorte a obter uma sensação de alívio na inspiração seguinte".

Considerações

- A respiração normalmente deve dar-se pelo nariz que é o órgão especializado para tal. Apenas exercícios específicos demandam respiração pela boca.
- A respiração alta (clavicular) provoca um movimento de ombros levantados, com utilização somente da parte superior dos pulmões.
- A respiração média (intercostal) utiliza a parte média e uma porção da parte superior do pulmão.
- A respiração baixa, preferível às duas anteriores, só utiliza a parte média e inferior dos pulmões.
- A respiração completa é obviamente a preferível porque vai encher inteiramente o espaço pulmonar. Torná-la um hábito é a meta e isso vai exigir dedicação, atenção e empenho gradual. Não é uma respiração forçada, pelo contrário, é a mais natural.
- A respiração completa não consiste obrigatoriamente em encher os pulmões por completo em cada inalação, mas em distribuir o ar inalado habitualmente a cada inspiração para todas as partes dos pulmões. Ela deve ser repetida várias vezes ao dia até que se torne um hábito.

Exercício de percepção do ato respiratório

Sugiro que você faça uma gravação em áudio deste exercício ou peça alguém para fazê-lo para auxiliá-lo na execução. A leitura para a gravação deve ser em um tom de voz bem audível e monotônico, em ritmo lento, fazendo pausa nas reticências. Com o tempo você conseguirá fazer o exercício sem a gravação. Se preferir, você pode memorizar o roteiro:

"Assuma uma posição cômoda, de preferência sentado com o tronco ereto. Descontraia-se e fique à vontade. E você não precisa fazer nada, apenas comece a sentir seu corpo... deixe sua mente vagar de cá pra lá com inteira liberdade... observe se a respiração está tensa ou relaxada, entrecortada ou regular... apenas observe sua respiração...

E você pode fazer quaisquer movimentos corporais que surjam espontaneamente. Sinta-se livre para reposicionar a cabeça... os braços... o tronco... em qualquer direção. Você pode respirar algumas vezes pela boca... esticar seu corpo, se isso lhe convier... levantar as mãos para o alto... e bocejar profundamente...

Agora, você pode se soltar... procurando uma posição confortável e equilibrada para o exercício, mas sem esforço... respirando normalmente... observando a postura que sua coluna tende a assumir... instalando-se confortavelmente a fim de iniciar o exercício...

Voltando sua atenção para o ato de respirar... concentre-se na ponta e no revestimento interno do seu nariz... sinta o ar entrando e saindo pelas narinas... a medida em que o ar entra repita mentalmente 'inspirando' e no momento em que está saindo repita 'expirando', faça isso várias vezes... (pausa um pouco mais longa na gravação para dar tempo para sentir a respiração e repetir por várias vezes) a seguir, enquanto respira, expanda a percepção para incluir as sensações provocadas pelos movimentos do peito e do abdômen... quando o seus pulmões se preenchem de ar, repare como o seu peito infla, perceba o quanto ele sobe e como suas costelas se movimentam para frente... e quando você solta o ar, repare no movimento inverso, as costelas voltando e o peito descendo... repita mentalmente enquanto você enche e esvazia seu peito: 'sobe... desce... sobe... desce...' e continue repetindo mentalmente enquanto observa o movimento do tórax... (outra pausa um pouco mais longa na gravação) agora você já pode soltar a respiração... deixe que o ar entre e saia a vontade... que a respiração se interrompa por si mesma, e por si mesma recomece... limite-se a observar a sua respiração sem interferir em seu fluxo natural para dentro e para fora... reparando ao mesmo tempo os movimentos do peito e do ab-

Coaching Esportivo & Saúde

dômen. Então deixe seu inconsciente trabalhar para você, enquanto você se concentra no ar que entra e sai... livremente."

Na medida em que nós nos tornamos mais conscientes de nossa respiração, nós aumentamos nossa capacidade de controlá-la nas mais diversas situações e usá-la a nosso favor. Selby (2004, p.38) afirma que: "... pelo resto da vida e independentemente do que faça, você poderá aperfeiçoar a capacidade fundamental de permanecer sempre consciente da respiração".

Exercícios respiratórios com finalidades específicas

1 - Respiração para ficar alerta

Inspire lentamente e profundamente até sentir que seus pulmões estão completamente preenchidos, suspenda a respiração por um curto período permitindo a utilização do oxigênio absorvido, expire com força e rapidamente sentindo que esvaziou os pulmões, suspenda por um curto período preparando-se para fazer novamente a inspiração lenta e profunda (fazer de seis a dez vezes). Neste exercício você privilegia a inspiração.

Este é um exercício para ser feito várias vezes ao dia.

2 - Respiração para acalmar

Inspire naturalmente preenchendo os pulmões, suspenda a respiração permitindo a utilização do oxigênio inspirado, expire lentamente (você pode imaginar uma vela acessa a sua frente e você sopra vagarosamente, apenas fazendo tremular a chama) até sentir que esvaziou os pulmões, suspenda a respiração preparando-se para fazer novamente a inspiração (fazer de seis a dez vezes). Neste exercício você privilegia a expiração.

Este é um exercício para ser feito várias vezes ao dia.

3 – Funcionamento fisiológico que fundamenta os resultados dos exercícios

Epstein (1989, p.43) explica o que acontece no processo respiratório:

> "Nosso modo habitual de respirar (para dentro/para fora) excita nosso sistema nervoso simpático e estimula a produção de adrenalina. A respiração com ên-

> fase para fora, em contrapartida, estimula o sistema nervoso parassimpático e o nervo vago, o que ajuda a tranquilizar o corpo".

Desta forma, a estimulação do sistema nervoso simpático está diretamente relacionada ao aumento na produção de adrenalina que permite a broncodilatação e aumento da respiração além de promover a vasoconstrição periférica, aumento da frequência cardíaca e da automaticidade das regiões do coração.

Por outro lado, a estimulação do sistema nervoso parassimpático é responsável por muitas das nossas funções de descanso, tais como, a redução da frequência cardíaca. Isso ocorre porque no sistema nervoso parassimpático é produzido 95% da serotonina do organismo.

A capacidade e os volumes respiratórios

O sistema respiratório humano comporta um volume total de aproximadamente cinco litros de ar. Desse volume, apenas meio litro é renovado em cada respiração tranquila, de repouso. Se no final de uma inspiração forçada, executarmos uma expiração forçada, conseguiremos retirar dos pulmões uma quantidade de aproximadamente quatro litros de ar, o que corresponde à capacidade vital, e é dentro de seus limites que a respiração pode acontecer. Mesmo no final de uma expiração forçada, resta nas vias aéreas cerca de um litro de ar, o volume residual. Nunca se consegue encher os pulmões com ar completamente renovado, já que mesmo no final de uma expiração forçada o volume residual permanece no sistema respiratório. A ventilação pulmonar, portanto, dilui esse ar residual no ar renovado, colocado em seu interior.

Os atletas costumam utilizar o chamado "segundo fôlego". No final de cada expiração, contraem os músculos intercostais internos, que abaixam as costelas e eliminam mais ar dos pulmões, aumentando a renovação.

Conclusão

Em seu livro "A semente da vitória", Nuno Cobra (2002) traz uma interessante reflexão:

Coaching Esportivo & Saúde

"A respiração é o extraordinário portal que o encaminha ao controle de seu incontrolável sistema autônomo. Através dessa mágica e fantástica passagem podemos atuar sobre o hipotálamo, fazendo baixar a frequência cardíaca; sobre o bulbo, permitindo que as respirações se tornem mais profundas e tranquilas; e, evidentemente, sobre o próprio cérebro, diminuindo seus giros mentais. Tudo entra em equilíbrio e trabalha corretamente. Precisamos aproveitar mais esse talento que a respiração possui de atuar sobre toda a nossa saúde, trazendo a paz e promovendo o importante equilíbrio do organismo".

O treinamento constante da consciência da respiração é observado nos praticantes de meditação ou yoga. É bem provável que muitos dos benefícios que são adquiridos nessas práticas estejam simplesmente associados ao ato de aumentar a consciência da respiração e usufruir disso no dia a dia.

Por ser uma função que nosso corpo exerce automaticamente, muitas pessoas não prestam muita atenção à própria respiração. No entanto, como vimos, essa função automática pode ser realizada voluntariamente e quando tomamos consciência da respiração, somos capazes de controlar outras funções corporais que nos permitem alcançar maior controle emocional e melhor desempenho físico e mental.

Referências

EPSTEIN, Gerald. *Imagens que curam.* Campinas: livro Pleno, 2001.

SELBY, John. *Sete mestres, um caminho: segredos de meditação dos maiores mestres do mundo.* São Paulo: Pensamento, 2004.

RAMACHARACA, Yogue. *Ciência Hindu-Yogue da respiração.* São Paulo: Pensamento, 1996.

COBRA, Nuno. *A semente da vitória.* São Paulo: Senac, 2002.

GOLEMAN, Daniel. *A arte da meditação.* Rio de Janeiro: Sextante, 1999.

4

Coaching aplicado ao esporte & emagrecimento

Por que eu desejo alcançar a excelência? Quem eu quero e posso me tornar? Qual o grau de comprometimento para isso? O quanto isso é importante? Como evitar pensamentos sabotadores e ter resultados permanentes? Você pode melhorar sua saúde e organizar a agenda a fim de cumprir todas as tarefas e ainda treinar e se alimentar da forma mais correta possível. Desafie-se, busque o seu melhor

Bruna Karin Bragagnolo

Bruna Karin Bragagnolo

Trabalho com o *coaching* aplicado ao esporte e emagrecimento. Psicóloga clínica, atuo na área de transtornos alimentares e distúrbios de imagem. Realizo um treino mental voltado para emagrecimento, atletas e *fitness* (fora de intenção de competir). E pessoas que buscam diagnóstico em relação a transtornos de imagem e alimentares, para aprender a lidar com isso e ter tratamento psicológico efetivo. Formada em Psicologia UNIVALI – Universidade do Vale do Itajaí *Coaching (Professional and Personal)* - pela Sociedade Brasileira de Coaching SÃO PAULO - SBC por Vivella da Matta e Flora Viktória. *Practitioner* PNL - programação neurolinguística. Especializada em terapia cognitivo comportamental; Transtornos alimentares e de imagem; Síndrome de *Burnout*; Neurobiologia das emoções; Como os alimentos influenciam no humor e qualidade de vida.

Contatos
https://www.facebook.com/fitnesspsicoaching
fitnesspsi@hotmail.com

Bruna Karin Bragagnolo

É muito importante que tenhamos em mente um objetivo específico para realização. Partindo daí, então, iremos traçar formas para alcançá-lo, entendendo as dificuldades que irão aparecer no caminho, identificando fraquezas para melhor lidar com elas. Pela utilização de técnicas voltadas para se atingir esse objetivo especifico, iremos traçar pequenas metas de realização, rumo à excelência naquilo que se for fazer. Identificando pensamentos sabotadores, crenças limitantes e aprendendo a mudar certos comportamentos e usar algumas vantagens a seu favor, irá desenvolver potencial para que consiga administrar sua vida da melhor forma possível. A seguir, como atingir a excelência em resultados por meio do *coaching* e psicologia comportamental, quebrar padrões de comportamento, abolir pensamentos automáticos e crenças limitantes, obtendo, assim, resultados permanentes.

Uma mente forte é construída a partir do momento em que conseguimos utilizar a resiliência para lidar com problemas, e não evitá-los a todo custo. Quando tomamos as rédeas da nossa própria vida, fazendo escolhas com sabedoria e não com impulso, passamos a traçar estratégias para nos direcionarmos da melhor forma a um objetivo tendenciosamente escolhido. Toda fraqueza possui uma vantagem. Explico: nossas fraquezas advêm do nosso mecanismo de defesa, sejam traumas ou medos inconscientes ou latentes, nos fazem pensar antes de cometermos novos erros ou até mesmo repeti-los. Isso faz com que não consigamos nos livrar das nossas fraquezas, pois inconscientemente elas nos protegem de algo, na maioria das vezes do sofrimento. Somos seres que buscam o prazer e evitam a dor, e isso é algo que veio da nossa natureza humana.

A nossa força precisa ser estruturada, por isso cabe ao *coach* mostrar os caminhos para o *coachee*, que está disposto a mensurar seus projetos, que muitas vezes foram deixados de lado devido a uma série de fatores, que precisam também ser investigados. Na verdade, quanto mais riqueza de detalhes o *coachee* trouxer em sessão de atendimento, mais rápido e eficaz será o resultado. Quem alcançou a excelência na vida, aprendeu a lidar com as fraquezas e valorizar mais seus pontos fortes, e apenas ser seletivo diante de algo que exija maior atenção. Não transparecer certos tipos de emoção, como a raiva, medo, ódio, rancor, nervosismo, faz com que passemos mais credibilidade e estabilidade emocional.

Para se alcançar um objetivo específico na área do esporte ou emagrecimento, ou mais importante, que esses resultados sejam permanentes, precisamos entender que é essencial adquirir inteligência emocional. Isso seria reunir uma série de qualidades e habilidades desenvolvidas especificamente para sermos excelentes no que estamos nos dispondo a fazer.

O pensamento de querer desistir é algo infelizmente comum, diante das dificuldades o nosso mecanismo de defesa é ativado, ansiedade é gerada e pensamentos sabotadores se tornam recorrentes. Mas aprendendo a controlar isso e a administrar as emoções, aprendemos a ver as coisas de outra forma, precisamos saber o quanto alcançar o objetivo específico é importante, o que ele realmente representa que o fez buscar essa mudança. Ceder não é uma opção, continuar na zona de conforto também não, pois trazendo para o consciente, percebemos que é isso o que nos faz sofrer e não o fato de estar enfrentando as mudanças.

Uma técnica muito eficaz é a visualização, que consiste no *coachee* se imaginar daqui a cinco ou dez anos (data e longo prazo), com riqueza de detalhes, a fim de reforçar a importância do cumprimento de pequenas metas no percurso até alcançar o êxito profissional, pessoal ou desejado em relação aos atendimentos. Sempre que for posto em desafio, é interessante que pratique essa técnica, pois aí estará reforçando pensamentos confiantes.

Diversas vezes acabamos apresentando pensamentos recorrentes e sabotadores, que nos fazem acreditar que tudo o que estamos nos dispondo a fazer em relação a treino e dieta, em buscar o melhor, é ir talvez até além do limite que o nosso corpo aguenta. Mas esteja ciente de que é a mente que vai falhar primeiro. Então, quando você aprende a priorizar atividades importantes, focar em ter autonomia de decisões, for mais articulado e assertivo diante do que busca, as situações e acontecimentos começam a ficar mais claros.

E quanto aos atletas de alto rendimento que buscam manter sua performance?

O *coaching* consiste em um treino mental para que você adquira hábitos que o direcionem para motivar-se e acompanhar o ritmo de treino e dietas. Sendo assim, esses três pilares atuarão juntos, em harmonia, tanto no ramo esportivo quanto para amadores, que alcançarão o sucesso das suas escolhas. Atletas precisam ser muito determinados, pois além de todos os desafios na carreira, são precursores de exemplos para outras pessoas que estão a iniciar no esporte. O *coaching* pode proporcionar alívio de sofrimento psíquico (gerado muitas vezes pelo *overtraining* e dietas restritas a longo prazo), autoconfiança, melhora de algumas habilidades necessárias para alcançar a excelência, e também pode ser responsável por criar estratégias de planejamento de carreira, o que falta para a maioria dos atletas.

A alta capacidade de resiliência precisa estar presente em um atleta de alto rendimento, para que o mesmo esteja preparado para lidar com as adversidades em um pré-*contest* (preparação para campeonatos), manejo de estresse, e aprender a não somente administrar as emoções e ter autocontrole e foco, mas também entender o que pode aprender com as experiências na carreira. Por exemplo: alguma situação não planejada que causou um estresse no atleta, ele não poderia desviar do seu objetivo para resolução de problemas nesse momento, então deve ter em mente não a vitimização de determinados acontecimentos, porém o que poderá fazer em relação a isso, como deverá se comportar a fim de obter algum aprendizado diante daquilo.

Posso citar dentro da minha atuação recursos psicológicos que servem de base, podendo ser desenvolvidos para a construção da mentalidade competitiva.

Mobilização: esse termo se refere à capacidade de praticar recursos disponíveis do corpo e da mente, podendo ser possível aperfeiçoar tudo o que foi anteriormente treinado, promovendo o foco da realização dos objetivos do atleta. A respeito da agressividade, posso citar que é necessária (energia motivadora), porém não pode ser confundida com fúria ou hostilidade. Quando utilizada enquanto energia é benéfica, pois permite que os atletas consigam passar de um desempenho sólido para um desempenho excepcional, pois podem alavancar as suas performances para o próximo nível, porém será prejudicial quando apenas é entendida como se tiver mais potência, mas com perda de desempenho. Pode-se notar que a mobilização e outros recursos psicofisiológicos permitem que os atletas sejam proativos, assertivos, motivados e enérgicos.

Tranquilidade: o atleta precisa encontrar um ponto-chave de pensamento e comportamento durante o seu treinamento, e usar o mesmo estado mental que estava para treinar, na competição, seja ela qual for e independentemente do esporte. A concentração deve estar elevada, autocontrole emocional (foco no desempenho), manter-se tranquilo e sereno, por isso é comum observar que atletas se isolem socialmente em época de pré-competição, a fim de se concentrarem e focarem no seu futuro desempenho. É difícil manter a clareza de pensamentos enquanto seu corpo está ansioso, mas é o que diferencia o atleta amador do de alta performance.

E quanto a pessoas que buscam emagrecimento e resultados permanentes?

Pessoas que decidiram mudar seu corpo precisam mudar sua mente e os hábitos que as levaram a isso. É muito comum que apresentem, diante dessas mudanças, ou até mesmo antes de iniciarem um procedimento de emagrecimento, transtornos alimentares, compulsivos ou de imagem. Ou também podem substituir um vício pelo outro, exemplo: deixa de fumar e começa a tomar café. Ou deixa de comer doces e passa a comprar roupas compulsivamente.

O nosso cérebro passa a traçar estratégias de autossabotagem, que se não conseguirmos manter o foco, precisamos buscar ajuda, isso é fundamental para um resultado permanente. Resultados provisórios consistem em medidas desesperadas para se atingir aquilo que se almeja, porém rapidamente e sem margem de erro segura. Explico: fazer uso de diuréticos, dietas da moda, aparelhos estéticos sem comprovação cientifica, cirurgias plásticas etc.

Uma vez que se investe em uma mudança comportamental, e se dedica para isso, mensurando diariamente o grau de importância para mudar, o cérebro passa a entender que aquilo realmente é algo que irá fazer parte da sua rotina e vida. A mente é o alicerce do bom resultado.

Não podemos deixar de citar os gatilhos emocionais, que são os que nos impulsionam a cometer deslizes maléficos aos resultados. Por exemplo: uma pessoa que iniciou um processo de mudança focado no emagrecimento, por se sentir mal com sua imagem, ou por ter desenvolvido alguma patologia relacionada ao sobrepeso, ou independente das condições, é chamada para uma festa de aniversario. Nós sabemos o que vamos encontrar lá: bolo, doces, refrigerantes, etc... Para uma pessoa que está limitada na alimentação, é um pesadelo. Essas guloseimas não podem ser consumidas nem em mínimas quantidades, pois isso irá servir como "gatilho" para que a pessoa saia de vez da dieta, ou tenha uma compulsão alimentar. Mas, então, deve se restringir a sair, a ter vida social? Se for preciso, no início, sim. Deve aprender a pensar no benefício próprio, a longo prazo, e que será apenas uma fase, até conseguir aprender a controlar seus "impulsos". As pessoas no geral não aceitam não como resposta ao oferecerem alguma guloseima, o que torna difícil explicar que não pode comer por estar mudando seus hábitos alimentares e, infelizmente, nossas escolhas saudáveis têm um peso social muito grande. As pessoas no geral irão respeitar mais sua escolha de não comer se você disse que é portador de algum tipo de patologia, ou alergia e não pode comer do que, simplesmente, não posso ou não quero.

Uma tática utilizada muito em minha atuação é a de evitar frases e palavras negativas quando se referir a alguma escolha em relação à comida. Explico: palavras como "não", "nunca", "jamais", "não devo" nosso cérebro não é treinado para captar, ou seja, se alguém lhe perguntar se quer uma sobremesa, ou repetir o prato de comida e responder: "não, eu não posso obrigada", sua mente irá captar somente que você pode ou quer aquilo, e seu desejo ficará reprimido. Inconscientemente quando tiver a oportunidade de comer ou se utilizar de um gatilho, irá fazê-lo, e pode ser que coloque tudo a perder. Portanto, a tática da positividade funciona da seguinte forma: você deve se impor de formas que seu cérebro realmente entenda a mensagem adquirida, que seria mais ou menos assim: "Você gostaria de sobremesa?" a resposta: "Eu prefiro um café preto" ou "Eu trouxe a minha de casa." Indicando que sua escolha é decidida, e não como uma punição negando um desejo.

Quando você dedica sua forma de pensar e se comportar em direção aos resultados desejados, tudo conspira para o sucesso do mesmo, porém você precisa estar consciente de suas escolhas e decisões a partir do momento em que se dispõe a mudar.

5

Tennis flow feeling

O texto a seguir trata de uma metodologia inovadora construída e desenvolvida ao longo de 20 anos de treinos e competições nas quadras de tênis pelo Brasil afora. O *Tennis Flow Feeling* é a metodologia de ensino do tênis abrangente, fluida e intensa. São diretrizes que consideram as diversas situações da vida, promovendo esse nobre jogo com intensidade e motivação elevados o suficiente para manter a alegria, o desempenho e autorrealização

Clayton Jeter

Clayton Jeter

Graduando em Educação Física pela UFMG/UFMS, árbitro de Tênis certificado White Badge pela ITF - Federação Internacional de Tênis. Atuação em mais de 200 torneios como juiz de cadeira, árbitro geral e auxiliar. Destes, torneios profissionais e juvenis, dos quais se destacam: Copa Davis, Brasil Open, Jogos Pan-Americanos do Rio de Janeiro, Copa Petrobrás, Aberto de São Paulo, Copa Gerdau, Circuito Banco do Brasil, Challenger Campos do Jordão, Rio Champions. Professor de Tênis com certificações da CBT-Confederação Brasileira de Tênis e USPTR - United States Professional Tennis Registry. Professor do curso de extensão de Tênis da UFMS. Formação pelo Professional & Self Coach pelo Instituto Brasileiro de Coach, com certificação Internacional ECA – European Coaching Association, Global Coaching Community Intenatiornal Association e Metaforum Internacional. Desenvolvimento Motor Aplicado ao Tênis pela UFMG, Encordoador pela USRSA - United States Racquet Stringers Association e Treinamento Funcional FMS.

Contatos
www.claytonjeter.com.br
tenisflow@gmail.com.br
Facebook: tenisflowfeeling
(67) 8172-3688

Clayton Jeter

Jogo tênis, logo penso,
Jogo tênis , logo sinto,
Jogo tênis, logo existo,
Jogo tênis,...logo *flow*!!!!!

Há um novo caminho no tênis. Parte do pragmatismo rumo a um encontro sem precedentes entre mente, corpo e emoções. Dei o nome *Tennis Flow Feeling* à metodologia que construí e desenvolvo, ela se caracteriza por ensinar o tênis de forma mais ampla, fluida e intensa. Não lembra muito o tênis exclusivo e segregador praticado nos anos 40, nem com o tênis força dos anos 80/90, também não remete ao tênis despretensioso e improvisado dos sócios dos nossos clubes e nem mesmo com a alta exigência rumo à perfeição do tênis Profissional. O tênis é pra todos jogarem e se divertirem, com a promoção da saúde mental, física e psicológica numa intensidade de interligações, até então, inimagináveis. Tênis é para vida!

As ligações e interligações são muitas, incontáveis. Tudo o que se refere a você e tudo o que interfere deve ser levado em conta: culinária, relacionamento, economia, ética, legislação, política, futebol e até religião são permitidos e serão bem vindos a esta extensão da vida. Não depende de um bom histórico esportivo, não depende de um alto nível de condicionamento físico ou de uma coordenação motora super apurada. Venha por inteiro, invista seu corpo e sua mente onde os parâmetros estão ao seu nível e ao seu alcance (mais até que as bolas e a raquete) e você se sentirá ótimo(a) praticando este nobre esporte. "Mas pra mim não dá Professor, eu não sei nada de tênis." Ótimo aluno, não saber nada deixa tudo perfeito para poder aprender a começar a jogar, começarnos hoje mesmo na aula experimental! "Mas não tenho coordenação motora, professor!" Você ainda a percebe pouco, vamos começar a exercitar sua coordenação motora com o Tennis Flow Feeling e você se sentirá a par de todo seu potencial. É possível fluir mais praticando o *Tennis Flow Feeling* e se superar aprendendo sacar, trocar bolas e contar os pontos desde o primeiro treino com o controle intrínseco e extrínseco de alto nível.

Para começar bem vamos conhecer do que estamos falando:

- O tênis tem como possível origem o *Jeu de paume**, quando se batia na bola com a palma da mão, mas hoje temos raquetes de compostos aumentam nosso alcance e o domínio da bola.

- O tênis é um exercício aeróbico, porém predominantemente anaeróbico (aeróbico pela duração e anaeróbico pois as jogadas e movimentação são intensos).
- O tênis atual deriva do Tênis Real**, praticado pela realeza e nobres, e certamente deles também vieram a postura, cordialidade e gentileza da modalidade.
- O tênis é um dos esportes mais completos exercitando e fortalecendo seu coração, músculos e ossos, sua coordenação, capacidade de concentração, resiliência, reação, raciocínio lógico e tático.
- O tênis é o esporte que mais ganhou adeptos chegando a dobrar este numero nesse ano, segundo o IBGE.

Sorria, você está jogando tênis!

O *Tennis Flow Feeling* promove um ambiente agradável e amistoso que inclui a todos compartilhando a quadra, as experiências e até as raquetes na hora de bater uma bolinha. Esta felicidade provém da nossa interação positiva num meio familiar. E isso gera muita coisa boa, faz com que se aprecie e contribua com o meio. Compartilhar conhecimento aumenta a sensação de pertencimento. Faz aproveitar o dia, o treino do parceiro e do time tanto quanto o seu. Atenção aos detalhes para não perder as cenas inusitadas, isto liga os amigos pelo resto da vida. Aí entram o cuidado, zelo e o carinho fidelizadores. Exercitar a presença! Acolhido dessa forma surgirão as jogadas incríveis, golpes perfeitos, pontos intensos, longas trocas de bolas, e é você fazendo, tudo fluindo...Tudo isso é para ser comemorado e lembrado com e pelo grupo. Pode postar, curtir, compartilhar, twittar, será um prazer pra todos curtir, compartilhar e retwittar seus bons momentos!

Gerando o *flow* com alegria

É imprescindível criação do banco de dados, seu arquivo e biblioteca pessoal para acessos contínuos durante treinos e jogos. Essa é uma condição inicial para que o *Tennis Flow Feeling* aconteça e será subsidiada por você e para você. E para seu arquivo pessoal te ajudar mais enriqueça-o, acrescente imagens com menção à propriocepção, com sons, sensações, sentimentos, com tudo mais que puder compor e ornar cada dado.

Assim, ao acessá-lo terá as melhores referências. Boas lembranças a respeito para rememorar, copiar e colar na situação que convier através do uso das rotinas psicológicas. Como no jogo de tênis é proibida instrução você deve jogar com tudo o que tem e tudo o que é. Para estimular e ampliar sua capacidade de aprender e apreender movimentos e conhecimentos novos as vitaminas do complexo B ajudam muito, você pode consultar um nutricionista esportivo sobre isto. Correlacionar os dados é tão importante quanto os ter, afinal, o mundo é movimento.

Na prática do *Tennis Flow Feeling* aprende-se mais, pois se aprende junto e, discutindo pontos de vista, capacidades são ampliadas, paradigmas e crenças quebrados. A interação gera um novo conhecimento, tecnologia que amplia horizontes. Isso é fascinante! Tudo que disser e fizer poderá e será usado para impulsionar ao melhor desempenho. E, para aqueles que buscam apenas diversão, convenhamos, é bem melhor brincar jogando, por exemplo, com a destreza, domínio e controle de bola de um jogador habilidoso do que como um jogador iniciante. Então busque seu melhor rendimento com a alegria de ser você! Essa é que faz o mundo girar e dá sentido à persistência para a comemoração do êxito da execução de um "singelo" bom contato da bola com a raquete ou a conquista de um *Grand Slam;* se divertir jogando com família e amigos num domingo de manhã ou realizar, num mesmo jogo, as jogadas mais incríveis da semana no tênis profissional. A felicidade justifica tudo!

Devem estar bem definidas suas metas no tênis. Quer se divertir? Emagrecer? Socializar? Aumentar seu *network*? Competir? Se permita escolher um ou mais, ou optar por mudar depois. Isso não é errar, são apenas novos planos de alguém que lhe quer bem: você mesmo! Se permita experimentar o inusitado, como o tenista Frances Gael Monfils, que prefere ser feliz jogando por prazer, a seu modo, sem se importar em ser o primeiro do ranking mundial. Que loucura!!! Que loucura??? Que loucura boa, isso sim!! Há diferentes entendimentos sobre a felicidade, a que tem a ver comigo diz que somos felizes pelo que somos, não pelo que temos e/ou quando temos.

Errando melhor

Você vai errar muito, mas muito mesmo! Mas não se desespere, continue respirando e tentando. Para o método *Tennis Flow Feeling* o erro está para o acerto como a dor para a manutenção da saúde. Ao longo da carreira um lutador apanha muito mais do que bate. Então façamos desse limão uma limonada! No seu banco de dados há ótimos modelos para se inspirar e fazer bem feito na próxima batida na bola. Vamos usar e abusar da sua resiliência para que você acerte mais usando você como exemplo. A cada treino conciso surgirão mais jogadas ótimas, jogadas suas, boas lembranças a ser guardadas para, mais adiante serem seguidamente repetidas antes de ser superadas por melhores.

A meta é a perfeição, ainda que absolutamente não sejamos perfeitos. Sabemos que errar é humano, mas não se pode se entregar facilmente. Não se entregar e continuar respirando! Haverá erros, haverá fracassos e haverá uma outra oportunidade de fazer a escolha certa. Quando de novo você tenta e erra, tente errar menos (todos erram, mas destacam apenas os próprios erros), erre melhor, rumo ao acerto, sendo positivo, rumo á perfeição. *Tennis Flow Feeling* é fazer a próxima batida melhor que a anterior. Bill Tilden teve o melhor percentual já registrado, mais de 95% de acerto num jogo e ainda assim errou. Esse é o homem a ser batido. Acredite, não será fácil já que os números de hoje estão próximos de 85%. No que depender de você esteja aberto, disposto e disponível para discutir interna e externamente os erros. Só assim, ao ver o copo meio cheio, sua critica será produtiva. Questione-se em busca de soluções. Tenha certeza que as respostas mais simples proporcionam o acerto, que gera confiança, que gera mais acertos, que gera mais confiança, que permite ousar um pouco mais, e assim vai.

Esforço X sofrimento X desempenho X satisfação

Essas são quatro grandezas que moverão um turbilhão de sensações e sentimentos. Nos treinos e nas partidas, *Tennis Flow Feeling* destaca jogar sem destacar o sofrimento. Ele existe, é relevante e importante, a ponto de te conduzir a alterar a visão do jogo, estratégia, técnica e por fim sua autoimagem. Pra ser flow deve-se aprender a preconizar a satisfação e desempenho em níveis elevados já que o alto rendimento virá da sua execução em intensidades e níveis de esforço crescentes. Atividade cada vez mais complexa com satisfação e autocontrole imensos, isto é *Tennis Flow Feeling*. Mas a vida, a vida sim, é uma caixinha de surpresas, e eis que virão os dias realmente difíceis. Em que se está desanimado e tem que apresentar aquele projeto na faculdade, ou em que se está doente, mas tem que ir para o trabalho cumprir a agenda do dia. Jogando tênis lidará com isso igualmente, afinal, humano. Chegado o dia mau a sensação de sofrimento aumenta, às vezes, por se sujeitar à autopiedade. Neste dia é fazer o melhor que puder evitando pensamentos pessimistas, fugindo da autopiedade e não permitindo a autossabotagem. A concentração no nível máximo (não se envergonhe por não conseguir focar nos objetivos primários e secundários, haverá dias em que uma referência somente já será uma sobrecarga e tanto, respirar corretamente já será complexo e difícil), isso evita os erros simples. Cabe comemorar os acertos e, principalmente se perdoar pelos próprios erros para seguir em frente sem fardos adicionais! A satisfação pelo desempenho provém do esforço. Do fácil para o difícil, do simples para o complexo, galgado a cada dia. Aprenda isso para o tênis, aprenda isso para a vida!

Cuide bem do seu amor!

Respeito ao corpo e seus limites, respeito à mente e seus limites. O corpo vai onde a mente estiver disposta a acompanhar! Esta proximidade permitirá vislumbrar as capacidades atuais otimizadas em atividades que mobilizam o inexplorado para um rendimento inesquecível, todos os dias! Haja endorfina e serotonina! Performance a vista, avante rendimento! Mas é importante que fique claro que ganho de rendimento é toda e qualquer melhora das capacidades para qualquer pessoa, já o alto rendimento...é para atletas e profissionais do esporte, não confunda pois as situações têm grandezas bem diferentes.

Seja qual for sua realidade cuide bem do seu corpo, ele te acompanhara o resto da vida. Estejamos atentos aos sinais negativos e positivos. *Tennis Flow Feeling* dá vazão aos *feedbacks* positivos para haver condição e permissão para que o corpo se sinta bem principalmente no exercício intenso. A mente banca o corpo, subsidia seu desempenho, permite que ele seja e esteja, por completo, na partida!

Atenção e concentração, ativar!

Atenção, no tênis, é a habilidade de, seletivamente, focar no jogo, na bola. No *Tennis Flow Feeling* são usadas a atenção concentrada, a sustentada, a seletiva e a alternada. Na concentração este foco é intensificado sobre o estimulo relevante. Você conhece seus níveis de concentração? O que a faz ficar difusa? Qual seu nível de ativação ideal para este nível de concentração? São questões pertinentes que aprofundam e libertam. Ao jogar é travada uma batalha para manter a atenção no jogo e a concentração deverá oscilar (acredite, ela sempre oscila) a seu favor. Para isso, usar e abusar da rotina psicológica (planejar o golpe e tirar as coisas que incomodam, confundam ou possam incomodar, tornando evidente o que te ajuda). Seu uso produz confiança por lidar com o estado atual em prol de um objetivo técnico-tático no jogo/treino. Isso fará aumentar seu nível técnico, tático, físico, psicológico numa roda viva, um dínamo. É o *feedback* positivo e estimulante! Lembrando que o jogador sozinho, durante partida, terá que cumprir a função de torcedor, técnico e psicólogo de si mesmo. Seja bom consigo concentrando no que está bom ok?!

Friso que não se deve esperar cair do céu o bom golpe, a boa jogada. Se concentrar em produzir bons golpes com suas capacidades considerando o que elas podem produzir naquela hora. A rotina psicológica também é um choque de realidade. Você tem tudo pra fazer o melhor, então faça o melhor de si!! Faça o melhor que puder fazer, faça!

Jogo, logo penso

E se o jogo é de tênis já digo que vai pensar muito! *Tennis Flow Feeling* faz pensar sempre, para resolver os problemas analisando as jogadas detalhadamente, revisando a técnica, repassando a tática, consultando o banco de dados. É um xadrez rápido corporal, um exercício para a mente!

De 70% a 90% do jogo é psicológico o que torna imprescindível ao jogador uma preparação antecipada e ao nível. Uma mente forte permite a análise e revisão dos pontos fortes, deixa mais fluidos os golpes e as situações que os potencializam. Vale o mesmo raciocínio sobre o adversário. Questionar-se com perguntas diretas buscando as respostas mais simples e objetivas, mas seja amplo. Estratégias com planos A, B e C e a capacidade de refazer estes, se necessário. Ser detalhista fazendo por merecer pra depois vencer, pois não planejar com antecedência já é um risco, e não planejar é decretar a derrota antecipadamente. É assim que os profissionais fazem, fluido...imite-os, pense!! Então copie, cole, e, otimize, personalize, simplifique, esteja presente e fluido! Exercite presença em quadra. Jogue *Tennis Flow Feeling*!!

6

Na saúde ou na doença

Na saúde ou na doença traz uma reflexão
sobre onde realmente está nosso foco,
nossa atenção e nosso cuidado

Célia Maria de Souza

Célia Maria de Souza

Psicóloga formada pelas Faculdades Metropolitanas Unidas (FMU). Palestrante. *Master* em Programação Neurolinguística (PNL). *Coaching* Método RAF. Coautora do livro *Treinamentos Comportamentais*, Editora Ser Mais. Experiência de 15 anos em tratamento para adultos, casais e adolescentes com transtornos emocionais como depressão, ansiedade, fobias, pânico, relacionamentos e doenças psicossomáticas.

Contatos
celia_msouza2005@yahoo.com.br
(11) 99134-2618
(11) 98461-3847
(11) 5531-0726
(11) 5561-5241

Você já percebeu que, quando o assunto é saúde, comumente o foco passa a ser as doenças? Em artigos e programas relacionados à saúde, qual a porcentagem que realmente se fala sobre saúde? Até os remédios que promovem saúde são mencionados como medicamentos que tratam a doença. É comum vermos indicações para medicamentos como remédio para depressão, para essa ou aquela doença. Por que não usamos termos para manter esse ou aquele órgão saudável?

Por exemplo, sabemos muito mais sobre como funciona a depressão do que o funcionamento saudável dos neurotransmissores e seus aspectos emocionais envolvidos. Arrisco a dizer que muitas pessoas que sofrem de depressão mal sabem o que são neurotransmissores, muito menos que alimentação saudável, atividade física, água, respiração, saúde emocional, bons pensamentos e atividades prazerosas mantêm um bom funcionamento da comunicação entre os neurônios, no cérebro.

Provavelmente você lembra, fala e descreve muito mais sobre doenças e seus sintomas do que a própria saúde, mesmo quando recebe orientações para tê-la.

Onde está seu foco? Quem está sendo tratada? A sua saúde?

Como seria se você aprendesse a observar, ver e ouvir principalmente o seu lado saudável? Observar, por exemplo, como o ar flui em seu organismo quando respira. Apenas observar. Observar o movimento do diafragma que expande e retrai. Apenas observar.

Você já deve ter voltado a respirar de forma mais completa, só ao ler o parágrafo anterior. É o que acontece quando lemos, ouvimos ou vemos alguma coisa.

Quando nos focamos em algo, ficamos mais sugestionáveis. Independente da intensidade, todos ficamos sugestionados por determinados estímulos. Alguns mais, outros menos, mas muito mais do que imaginamos. Inclusive existem muitas empresas e muitas pessoas que lucram muito com esse fato.

O poder da sugestão

Já notou que, em uma conversa onde o tema é saúde, as pessoas ficam disputando para ganhar o troféu de quem é menos saudável. Quem dorme menos horas por noite, quem tem maior grau de dor ou órgãos mais comprometidos? E quem está bem começa a se sentir deslocado, à procura de algum problema para compartilhar ou até entrar na disputa. Recorda-se de ter passado por essa situação e começado a se lembrar de uma dor que já não sentia mais ou pelo menos começou a ficar com medo de adoecer ou a ter os sintomas que ouviu ou leu, ficando no mínimo menos tranquilo(a) e menos relaxado(a)?

Alguns relatos podem nos demonstrar até que ponto nossa capacidade de se sugestionar pode chegar:

"Em Chicago foram trancados, por engano, três homens numa câmara frigorífica. Não podiam abrir a porta pelo lado de dentro, nem adiantava gritar por socorro. Os homens sabiam que dentro de três horas a câmara começaria a funcionar. Como não vestiam roupas apropriadas, mas apenas roupas leves de verão, suas chances de vida eram praticamente nulas. No dia seguinte os homens foram encontrados. Estavam mortos e com sinais de congelamento. O surpreendente disso tudo é que a câmara frigorífica não havia sido ligada neste dia. Os homens tinham morrido de medo do congelamento.

Um asmático foi surpreendido na cama por um violento ataque de asma. Era noite escura e ele estava num hotel. Teve a sensação de sufocamento. Precipitou-se para a porta, abriu-a e respirou várias vezes profundamente. O ar fresco lhe fez bem e o ataque cessou pouco depois. Ao acordar de manhã, verificou que não havia aberto a porta do quarto, mas a porta do guarda-roupa".

(Fonte: Viver com sentido – Nossrat Peseschkian – Editora Vozes)

Por isso o pensamento positivo é tão poderoso.

Você pode estar questionando: "Ah, mas viver assim pode ser uma alienação, eu preciso saber quais são as doenças do momento, quais são os sintomas para eu descobrir se tenho". Percebe? É realmente para descobrir se tem. Quem fica procurando, geralmente acaba encontrando.

Está tão acostumado a seguir ordens e conceitos preestabelecidos, de forma automática, que precisa se lembrar o quanto você é provido de bom senso. Ele vai orientá-lo no que precisa ou não saber. E saber é bem diferente de ficar sendo bombardeado de informações.

Como vai cuidar da sua saúde, ficando focado na doença?

Foco é concentrar a atenção.

Já se propôs comprar um carro ou outro objeto e começou a vê-lo com mais frequência, a ouvir informações e comentários sobre ele? Já passou por uma experiência situacional, como, por exemplo, engravidar ou casar e teve a sensação que todo mundo estava gestante ou casando? Esse é o efeito que ocorre quando nos focamos em algo. Nossos sentidos se intensificam para captar informações relacionadas a ele, seja o que for, pode ser positivo ou negativo, saudável ou doentio para nós.

Não focar não significa negar, ignorar ou negligenciar. Os sintomas precisam ser ouvidos, entendidos, pois é o nosso lado saudável nos dando dicas. É nosso corpo se comunicando.

Ficar focado na doença, além de aumentar a energia, a atenção e a concentração sobre ela mesma, favorece o vitimismo e sentimento de culpa, fazendo com que se sinta coitadinho, diminuindo sua autoestima, autoconfiança e desenvolvendo dependências, ou seja, gerando outros adoecimentos e outros comprometimentos. Isso, sem falar, nos ganhos secundários, que são benefícios que contribuem para a manutenção do adoecimento. Estando doentes, temos a permissão de não irmos àquele evento chato que não queríamos ir, mas que não tivemos a coragem de declinar. Todos entendem e aceitam que não se cumpra algum compromisso ou dever quando se está doente. No entanto, há pouca tolerância à verdade. Quando se recusa um convite social, dizendo que não está a fim de ir, que prefere ficar em casa descansando, no mínimo vai ouvir que é um antissocial, chato etc. Até mesmo quando se quer negociar alguns dias para curtir férias, família, amigos ou simplesmente não fazer nada, isso se torna uma tarefa complexa. Contudo, se for para ir a um velório ou por adoecimento, a sua ausência ou negociação se tornam bem mais justificadas no senso comum.

Por que é comum no senso comum?

Porque faz parte de um sistema de crenças global. À medida que essa estratégia vai funcionando, começa a fazer parte da configuração dos nossos mecanismos de defesa, mesmo que para isso seja preciso pagar um preço alto. Nesse caso, especificamente, com a própria saúde.

A partir do momento em que você aprender a se respeitar, a se dar direitos e acreditar no seu merecimento, pelo simples fato de existir, este quadro mudará radicalmente.

Entendendo os sintomas

O adoecimento são sintomas, alertas do nosso organismo, dizendo-nos que nossa mente e/ou corpo estão precisando de cuidados, atenção, amor próprio, aceitação, satisfação, atitudes, etc.

Como seria entender como o órgão saudável funciona? O que ele faz? Qual é seu objetivo? Para que ele serve?

Dessa forma, será que você teria alguma dica do que fazer?

Geralmente sabemos mais o que devemos evitar, deixar de fazer, parar de comer, do que o que realmente fará grande diferença, que é saber o que fazer, o que comer, como agir, etc.

Estudos nas áreas de Psicologia, Psicossomática, Metafísica da Saúde e Neurociências muito contribuem para essas descobertas.

Coaching Esportivo & Saúde

Quando agimos coerentes com a função do nosso organismo e nossa essência, obtemos maior saúde emocional e física.

Resumidamente, por exemplo:

"O estômago é uma espécie de processador de alimentos que prepara o conteúdo alimentar para os estágios seguintes da digestão (...). A partir da produção da energia emocional, ela é distribuída para a região do corpo correspondente." (Valcapelli & Gasparetto, Metafísica da Saúde, Vol. 1)

Segundo os autores, as fortes emoções causadas pelos acontecimentos vivenciados, antes de se propagarem para os respectivos órgãos, interferem no funcionamento estomacal.

Portanto, pessoas mais saudáveis em aspectos relacionados ao estômago, são as que no âmbito emocional:

- Aceitam-se, bem como seus sentimentos e sensações.
- Processam os fatos ocorridos, as mudanças e os acontecimentos inesperados de forma serena e tranquila.
- Expressam quem realmente são, com sabedoria e bom senso.

E por falar em saúde

Você sabe a importância do estado de relaxamento e tranquilidade na manutenção e recuperação da saúde?

Por existirem várias interpretações e crenças referentes ao estar relaxado e calmo, cria-se resistência em alcançar esse estado. É comum confundir com displicência, preguiça, apatia, acomodação, mas, para a saúde tanto física quanto emocional, relaxamento significa oferecer ao nosso organismo condições básicas para que ele funcione dentro do seu tempo e função, proporcionando disposição, energia e vigor.

Quando você está mais relaxado e tranquilo, respira melhor, dorme melhor, se alimenta melhor, fica mais presente no momento presente, aumenta a qualidade nas relações inter e intrapessoal e encontra soluções mais eficientes para o dia a dia e eventos adversos.

Garantindo um sistema orgânico e mental mais equilibrados focando em pequenas ações

- Relaxar e ficar tranquilo.
- Ingerir água adequadamente (maior condutor no processo eletroquímico ou eletromagnético no cérebro).

- Exercitar-se fisicamente.
- Autoconhecer-se e promover limpeza emocional periodicamente.
- Manter amor próprio e proporcionar-se mais satisfações.
- Utilizar suas potencialidades e fortalecer a autoconfiança.

Curiosidade

Você sabia que o sexo é a atividade física que exercita mais áreas do cérebro ao mesmo tempo? Segundo o Neurocientista Professor Barry R. Komisaruk, durante o ato sexual exercitam-se 30 áreas do cérebro.

Ganhos diretos e indiretos com o estado de relaxamento

- Energia, vigor e disposição.
- Qualidade no sono, equilíbrio no humor, atenção, concentração e criatividade.
- Adequação dos batimentos cardíacos, da pressão arterial, do apetite e do sistema imunológico.

Cuidando do emocional

Devemos cuidar e tratar do nosso emocional, respeitando as características da nossa individualidade.

Lembra como você era quando bebezinho? Expressando, quando desejava algo, fosse para necessidade biológica ou emocional, da forma como era possível naquele momento. Como era criativo para conseguir o que queria, como era espontâneo.

É comum acreditarmos que a Psicoterapia muda as pessoas, mas, na verdade, é apenas um "tirar as vendas dos olhos" e um acompanhamento no processo da pessoa se trazer de volta a ela mesma.

Logo, se você é um ser que por constituição tem funções como se movimentar, se expressar e agir, o que acontecerá se não for coerente a isso? Melhor ainda, o que acontecerá se for coerente? Será que estará em harmonia com você mesmo? Em equilíbrio? Por consequência, mais saudável?

Somos todos diferentes uns dos outros, por isso devemos respeitar nossa individualidade. Nem mesmo o seu lado direito é igual ao seu lado esquerdo. Um lado é mais fino, mais magro que o outro. Como podemos querer um único tratamento ou uma resposta universal, sem levar em consideração cada particularidade? Por esse motivo, o autoconhecimento é a porta de entrada para a saúde, possibilitando conhecer seus funcionamentos, capacidades, habilidades, peculiaridades e potencialidades, lembrando da importância em focar nesses aspectos, sem ignorar as limitações, bloqueios e traumas, até porque eles fazem parte do autoconhecimento, oferecendo dicas para atingir a cura e manutenção da sua saúde.

O papel da limpeza emocional

A limpeza emocional também é um aspecto muito importante, tal qual no âmbito orgânico, onde o que não serve mais é eliminado por meio do sistema excretor e digestivo. No emocional, também é importantíssima a eliminação de conteúdos negativos, que não servem mais. Pode ser feita de diversas formas de expressão (falar, escrever, pintar, cantar, atuar, exercitar-se, etc.). Para isso, é necessário reconhecer e aceitar o que está sentindo, sem julgamentos.

De acordo com a teoria da Psicanálise, uma grande ferramenta para obter essa limpeza é a catarse, onde, pela fala, são elaborados os acontecimentos vividos e sentidos.

Uma outra técnica, muito eficiente, é a desenvolvida pelo Dr. Roberto Abel Filho, fundador do método RAF de Organização Mental, que consiste em escrever o acontecimento, presente ou passado, com todos os sentimentos envolvidos, e queimar, diariamente, durante uma semana.

Focar nas habilidades e potencialidades também faz parte desse processo, pois dará força e direção para atingir objetivos desejados. Fato este que também contribuirá para o aumento da autoestima, da autoconfiança e da satisfação. Com o seu organismo exercendo suas funções adequadamente e o seu emocional limpo e potencializado... Qual será o seu limite?

Referências
Komisaruk, Barry R. – Neurocientista, Rutgers University – *Por que o Sexo é Divertido?* Discovery Curiosidade.
Trucom, Conceição – *Mente e Cérebro Poderosos* – Ed. Pensamento Cultrix, 2010.
Dias, Daniela – Diretora e Master Trainer em PNL – *Projeto Nascente*.
Hay, Louise L. – *Você Pode Curar Sua Vida*, 8ª Edição, Editora Best Seller.
Filho, Roberto Abel – *Fundador do Método RAF de Organização Mental*.
Hasan, Rosa – Neurologista - *Laboratório do Sono*, do Hosp. São Luiz.
Valcapelli & Gasparetto – *Metafísica da Saúde, Vol. 1, Sistemas Respiratório e Digestivo*, 1ª Edição, Editora Vida & Consciência, 2000.

7

Condicionamento mental

Quando a mente é treinada para responder de forma correta aos eventos evitamos desperdício de tempo e energia em pensamentos ou atitudes que não vão nos ajudar a chegar em lugar nenhum. O foco e a atenção são competências fundamentais que devem ser exploradas naqueles que desejam seguir firmemente em direção aos seus objetivos e não abrem mão de conquistá-los

Daniel Mussi

Daniel Mussi

Graduado em Educação Física (UMC). Pós-graduado em Fisiologia do Exercício (UNIFESP), Treinamento Personalizado (FMU) e Gerência e Gestão de Negócios com ênfase em Marketing (ESPM). MBA em Gestão de Recursos Humanos (Escola Paulista de Negócios). *Practitioner* em PNL Sistêmica. *Coach* profissional certificado pelo Integrated Coaching Institute (ICI) e pela International Coaching Community (ICC). Especializado em *coaching* de vida e de carreira (ICI). Palestrante nas áreas de saúde, carreira e comportamento. Consultor habilitado no *assessment* MPP® - Personal & Professional Maturity Levels. Coautor do livro "*O segredo do sucesso pessoal*", Editora Ser Mais.

Contatos
www.danielmussi.com.br
contato@danielmussi.com.br

Daniel Mussi

O *coaching* é uma atividade que vem crescendo exponencialmente no mundo todo. Sua função é ajudar indivíduos a atingirem seus objetivos pessoais por meio do desenvolvimento de competências e adequação de comportamentos. Durante o processo, o cliente aumenta suas percepções sobre a realidade, estipula suas metas e potencializa suas capacidades para atingir o resultado desejado. Como a atividade é uma tendência crescente de mercado, profissionais oportunistas de diversas áreas aproveitam a demanda para se promover, devido ao significado que a palavra "*coach*" tem no vocabulário norte-americano. É preciso deixar claro que o processo de *coaching* não tem nenhuma relação com prescrição de exercícios, assessoria ou consultoria esportiva e muito menos com terapia ou acompanhamento psicológico. O *coach* é um profissional habilitado para atuar com desenvolvimento humano e vai ajudar o cliente a descobrir por si mesmo suas potencialidades, a estipular metas claras e a definir um plano de ação eficaz para desenvolver competências e atingir o resultado almejado. Além do mais, deve ser certificado por uma instituição séria e reconhecida internacionalmente. No Brasil ainda não há regulamentação da profissão, abrindo espaço para qualquer pessoa se apresentar como *coach*. Porém, a conduta profissional de um verdadeiro *coach* é pautada em normas éticas específicas determinadas por um órgão ou entidade na qual o *coach* realizou sua certificação.

Faz parte do papel do *coach* apoiar e dar suporte ao cliente para que ele aumente sua percepção da realidade e tome as melhores decisões na busca do seu objetivo. E, como em toda jornada, será preciso enfrentar os obstáculos que vão surgir no decorrer do caminho. Cada obstáculo terá um determinado impacto na vida do cliente, do tamanho que ele próprio construir pelo seu modelo mental. Cada pessoa fará da adversidade aquilo que ela representa dentro de seus padrões desenvolvidos através das experiências e crenças adquiridas durante sua vida. O que vai determinar a postura adotada em situações difíceis é o modelo mental de cada indivíduo. A forma de pensar e interpretar os acontecimentos faz uma grande diferença na conquista de resultados.

No livro "O jogo interior de tênis", Timothy Gallwey descreve diversas situações em sua carreira de professor de tênis onde a mente do jogador era o seu maior adversário durante uma partida. Por melhor que fosse a habilidade do tenista, um pensamento inoportuno poderia alavancar uma série de respostas emocionais que colocavam tudo a perder em momentos decisivos. A maneira que Gallwey percebia este tipo de acontecimento possibilitou que ele ajudasse diversos atletas a gerenciarem suas mentes e ainda o tornou um dos precursores do *coaching* mundial. Para ele o desempenho está diretamente relacionado com a concentração na atividade. Julgamentos mentais, previsões de resultados e análises antecipadas de possíveis consequências sobre fatos que nem aconteceram deveriam ser eliminados da mente, pois eram os responsáveis pela perda da concentração e poderiam gerar queda de desempenho. Gallwey percebeu que indivíduos de alta performance conseguiam se manter em total conexão e envolvimento com a tarefa executada, abstraindo de seus pensamentos qualquer informação que não tivesse relação com o que deveria ser feito naquele exato momento. E quando isso acontecia a mente do atleta ficava plenamente centrada no fluxo da atividade e a mecânica dos gestos esportivos acontecia naturalmente, sem qualquer preocupação ou dúvida, favorecendo a performance do jogador.

De fato, as pessoas constantemente se sabotam com pensamentos que muitas vezes não correspondem à realidade. Durante um jogo de vôlei, por exemplo, se um atleta entende que está sendo provocado por um jogador adversário do outro lado da rede, ele pode ter reações (mesmo que não demonstradas) prejudiciais a sua performance e cometer erros banais pelo fato de ter focado seus pensamentos na provocação, e não na partida. Uma interpretação equivocada pode fazer com que se perca a noção da realidade – pode ser, inclusive, que a provocação nem tenha acontecido realmente. O fato concreto sofre distorções de acordo com percepções mentais e a "verdade" passa a ser aquilo que está na cabeça de cada um. Atitudes são tomadas de forma incoerente e uma equipe inteira pode ser prejudicada em função de uma percepção irracional de um único indivíduo.

Na maioria das vezes, o problema em si não é efetivamente o problema. O verdadeiro problema está na interpretação mental dada aos eventos adversos e às possíveis reações decorrentes destas interpretações. As pessoas podem interpretar um mesmo fato de diferentes formas. De acordo com os níveis de expectativa e exigência a respeito dos acontecimentos, as reações podem ser coerentes com a realidade ou não. Em alguns casos, as interpretações de certos fatos causam reações completamente irracionais.

Martin Seligman, com sua teoria do estilo explanatório, diz que o ser humano pode interpretar os eventos de forma pessimista ou otimista. Vejamos suas características. O pessimista possui a tendência de acreditar que o problema vai durar uma eternidade, causando um enorme estrago e que ele é sempre a vítima da história. Já o otimista entende que adversidades eventualmente acontecem, mas são fatos isolados e não irão afetar outros aspectos de sua vida. O otimista também percebe que sua parcela de responsabilidade é de um terço sobre o resultado dos acontecimentos. Os outros dois terços são atribuídos a fatores externos, como as outras pessoas e o próprio ambiente, sobre os quais ele não possui nenhum controle.

Este tipo de modelo mental otimista favorece o indivíduo a continuar em direção ao objetivo e perder menos tempo com dramas. Pessoas dramáticas não enxergam a realidade de forma concreta e respondem de maneira exagerada aos eventos. Não percebem que, agindo assim, prejudicam o seu próprio desempenho e criam uma atmosfera negativa ao seu redor.

Alguns indivíduos possuem grande dificuldade de se manterem focados em suas metas porque a todo momento surgem obstáculos ou distrações que os fazem mudar de comportamento instantaneamente. Uma das competências essenciais para se obter sucesso em qualquer atividade, das mais simples as mais desafiadoras, é o foco. Chamamos de foco o estado de altíssima atenção, de total concentração em uma tarefa ou de alta dedicação e empenho na busca de um objetivo. O foco garante que os pensamentos e os comportamentos não sejam desviados dos objetivos estipulados.

O foco, porém, é frequentemente generalizado. É o tipo de palavra que pode ter vários significados dependendo do contexto. Se analisarmos quando um técnico de futebol, durante um momento do jogo, diz para um atleta em campo que ele precisa manter o foco, a expressão "manter o foco" quer dizer especificamente o quê? Que ele deve prestar mais atenção na marcação? Que ele deve se lembrar de alguma jogada ensaiada? Que ele precisa melhorar o passe? Se deslocar para fazer uma cobertura? Enfim, qual é a ação específica que caracteriza o foco? É aí que está a grande questão: qual é a ação envolvida. Quando sabemos exatamente o que se deve fazer para obter foco em uma atividade, toda energia mental é direcionada corretamente para uma ação concreta. A concentração aumenta e todas as informações ou eventos que não fazem parte do propósito da meta são abstraídos do pensamento para que não haja dispersão da atenção e, consequentemente, queda de performance.

Para Rhandy Di Stéfano, autor do livro "Líder-Coach – Líderes criando Líderes", o foco nada mais é do que o gerenciamento das distrações. Tudo aquilo que nos faz sair da direção da meta é considerado uma distração, independente de sua origem. Eventos que acontecem internamente, como pensamentos, emoções, dores ou percepções físicas, podem interferir no desempenho tanto quanto eventos externos, provenientes do ambiente ao redor do indivíduo ou do sistema em que está inserido. O impacto destas influências no rendimento é proporcional a atenção que você dá a elas. Para desenvolver sua capacidade de ter foco nas atividades você também deve elaborar um plano de ação para lidar com as distrações.

Aprender a lidar com as distrações é um grande avanço em direção ao sucesso. Um pensamento negativo em um momento crucial pode desencadear reações emocionais extremamente prejudiciais a performance, afetando diretamente o resultado. Grande nome da inteligência emocional, Daniel Goleman relata em seu livro "Foco" que a atenção pode ajudar no controle emocional. A autoconsciência, quando desenvolvida, permite que o indivíduo perceba quando está ficando emocionalmente alterado e tome providências imediatas para manter a concentração em algo específico, ignorando possíveis distrações. Porém, este processo pode ser bastante trabalhoso dependendo do modelo mental de cada um, influenciado por fatores genéticos e experiências vividas. Goleman ressalta que a força de vontade é o grande mecanismo capaz de fazer a mente permanecer atenta, desde que o resultado seja significativamente gratificante. Se no final da história a recompensa for boa, o esforço para se concentrar será grande. O valor do resultado afeta diretamente a força de vontade e os níveis de motivação.

Daniel Mussi

No livro "O poder do hábito", falando sobre a força de vontade, Charles Duhhig diz que ela é como um músculo que se cansa quando submetida a grandes esforços. E, como qualquer músculo, ela se desenvolve e fica mais forte quando estimulada corretamente. É possível fazer com que a força de vontade se torne um hábito na medida em que se opta por um determinado comportamento seguido de uma rotina específica que direciona ao objetivo proposto.

Como vimos, o modelo mental de cada indivíduo define qual o impacto dos acontecimentos em sua vida. Por meio do modelo mental são feitas as interpretações dos fatos que, em seguida, geram uma determinada reação. As distrações que surgem no percurso podem ser administradas com foco e uma boa dose de força de vontade vai garantir que não se perca a determinação. Adicionar no cotidiano algumas rotinas de desafio pessoal pode funcionar como uma espécie de treinamento para que certos comportamentos se tornem hábitos de sucesso. Mas como preparar a mente para que nossos comportamentos sejam mais eficientes, nossas reações sejam adequadas e nosso desempenho de torne cada vez melhor?

Por mais que o planejamento mental seja importante, nada vai acontecer se você ficar imaginando e desejando realizações se você não fizer algo específico para que as coisas aconteçam. A ação coloca a energia em movimento. Suas atitudes tem o poder de transformar situações e tornar o ambiente em que você se encontra propício para o sucesso.

Toda atitude em direção ao seu objetivo vai gerar um resultado, independente do seu ponto de partida ou da distância que existe até alcançá-lo. Se a sua ação gerou o resultado que você queria, ótimo. Continue em frente. Se não gerou, o que se deve fazer para que na próxima tentativa o resultado seja melhor? Pressupõe-se então, que haverá uma nova ação com os ajustes requeridos. E quantas forem necessárias, até o resultado ser satisfatório. A constante repetição faz com que os comportamentos sejam lapidados aos poucos até que o resultado obtido seja o desejado.

Não rotule os resultados de suas ações. Será preciso, algumas vezes, deixar crenças e valores pessoais de lado e fazer uma análise racional e realista do que estamos vendo. Muitos indivíduos se consideram fracassados porque não obtiveram sucesso em uma de

Coaching Esportivo & Saúde

suas ações, desistem facilmente e se caracterizam como derrotados. A interpretação equivocada dos fatos pode nos confundir e fazer com que os obstáculos que estamos enfrentando sejam maiores do que realmente são. Existe uma armadilha sutil quando os obstáculos são desafiadores: quando se fica exageradamente focado na resolução de um problema, não se consegue enxergar além dele. O foco nunca deve estar no problema, mas sim na meta final. Solucionar o problema é apenas uma etapa necessária para se atingir o objetivo principal. Portanto, lembre-se sempre da sua meta quando se deparar com resultados insatisfatórios. A distância entre onde você está e o seu sucesso pode estar em apenas mais uma tentativa.

As suas ações são a chave para a conquista de resultados. Conforme atitudes são tomadas, as pessoas ficam mais seguras, melhoram suas percepções da realidade, dimensionam o impacto de suas ações, desenvolvem autocontrole e criam um mapa mental para o sucesso. Ao longo do tempo, problemas são solucionados e desafios são superados. A cada pequena vitória, a crença de que realmente somos capazes fica mais forte. Esta crença energiza a força de vontade, fundamental para que, mesmo que sem forças, o indivíduo ainda realize ações que o impulsionarão cada vez mais na direção de seus objetivos.

8

Conheça uma das profissões que mais crescem no Brasil e no mundo

"Há muito tempo o *coaching* passou de uma metodologia utilizada por poucas empresas para uma realidade constante em companhias de todos os portes (Sidney Bohrer de Aguiar)"

Evelyn Vinocur

Evelyn Vinocur

Médica Neuropsiquiatra com mais de 35 anos de experiência dedicados a cuidar da saúde mental de crianças, adolescentes e adultos. Mestre em Neurologia e Neurociências (Universidade Federal Fluminense), Especialista em Pediatria (Pontifícia Universidade Católica, PUC-RJ) e Psiquiatria (Universidade do Estado do Rio de Janeiro). Membro da Associação Brasileira de Psiquiatria e Internacional Member of the American Psychiatric Association e de várias outras associações. Hoje divide o seu tempo atendendo em sua clínica particular no Rio de Janeiro e trabalhando em seus projetos sociais. Diretora do CIESC (Centro Integrado do Estudo do Comportamento) e coordenadora do grupo de apoio ao TDAH (Transtorno de déficit de atenção e hiperatividade) e do GABrio, grupo afetivo bipolar rio, ganhador do Prêmio Convivendo, 1º lugar em concurso de grupos de apoio a transtornos mentais em todo o Brasil. Profere palestras sobre o TDAH e outros transtornos em escolas e instituições para pais e educadores.

Contatos
www.evelynvinocur.com.br
www.tdahemfoco.com.br
www.bipolaremfoco.com.br
www.terapiadosgansos.com.br

Evelyn Vinocur

A importância do esporte caminha a passos largos e com isso as oportunidades de trabalho crescem na mesma proporção. Especialmente para o Brasil, que será a sede da Copa do Mundo e das Olimpíadas de 2016. Para os mais atentos, não é novidade que o *coaching* esportivo vem evoluindo sob uma espiral ascendente e recheada de oportunidades promissoras. Governos, empresas e organizações estão investindo e valorizando os esportes em todo o mundo e não é sem bons motivos que o *coaching* esportivo seja, senão a primeira, uma das profissões mais prósperas e que mais crescem na atualidade. E para você, leitor amigo, que deseja ampliar suas conquistas, que quer aprimorar suas habilidades de liderança ou que busca o autodesenvolvimento, sem dúvida o *coaching* é o caminho certo! Este texto faz um brinde especial a você, caro leitor, elegendo o *coaching* esportivo como tema de base. Espero que aproveite cada parágrafo do texto.

A opressão nossa de cada dia

Vivemos hoje em um mundo onde a pressão pelo alto desempenho e resultados de excelência são cada vez maiores em todos os segmentos. Os processos seletivos das empresas visam candidatos mais proativos e motivados, com melhores currículos e que estejam mais bem preparados e mais estáveis emocionalmente falando. A inteligência emocional vem se destacando como uma das competências mais visadas de um profissional dito completo. Assim, se por um lado temos os "supertalentos", caçados a peso de ouro pelo mercado de trabalho, por outro vemos os casos onde a cobrança excessiva no trabalho aumenta significativamente o estresse do profissional que, não raro, se torna mais desconfiado, individualista e competitivo. Queixas de assédio moral no trabalho são comuns, gerando desmotivação, fadiga, insônia, irritabilidade, desatenção e queda no rendimento laboratório. Dados recentes[1] apontam que as maiores causas de estresse do brasileiro[2] são a convivência com chefes agressivos (38%) e pressão tirânica por resultados ótimos e cumprimento de metas (23%). Outro ponto preocupante das pesquisas revela que a maioria se preocupa mais com as pressões externas do trabalho do que com a própria qualidade de vida. O número de licenças médicas no trabalho por estresse subiu muito nos últimos anos. Ou seja, é preciso saber lidar com o estresse e com as próprias emoções. Mas as habilidades necessárias ao manejo do estresse estão dentro de nós, sendo preciso desenvolvê-las. Qual é a solução?

Caro leitor, a solução está ao seu alcance!

A solução é o *coaching* e ela está bem perto de você. O *coaching* é um processo de desenvolvimento humano que promove autonomia e mérito pelos resultados obtidos com presença de experiências automotivadoras e conquista da independência, de modo contínuo. Ele envolve um profissional com formação sólida, utilizando técnicas e ferramentas testadas e aprovadas para promover e sustentar mudanças positivas e ampliar a performance humana, na carreira ou na vida pessoal.

O que é coaching?

O *coaching* compreende um serviço de assessoria e empreendedorismo, multideterminado e multifatorial, que prepara a pessoa, colocando-a em condições de obter os seus objetivos de modo bem-sucedido a partir de metas previamente definidas. Ou seja, é um processo ascendente para o sucesso, fundamentado em conceitos e saberes de diversos campos do conhecimento humano, respeitando sempre os princípios éticos do Código de Ética e de Conduta do *Coaching*. As ferramentas utilizadas são cientificamente testadas, comprovadas e validadas para o desenvolvimento de múltiplas competências pessoais do indivíduo, advindo disso a formação de profissionais altamente eficazes. O *coaching* foca-se no futuro do cliente e cria estratégias para o seu maior desempenho global, tendo sempre o cuidado de manter saudável a sua qualidade de vida. Automotivação, autogestão, autoequilíbrio, autoeficácia, otimismo, satisfação, comportamentos mais adequados e estilos mais saudáveis de vida são a regra. As mudanças são duradouras, segundo pesquisa do Institute of Coaching, afiliado à Universidade de Harvard, EUA. Por vezes confundido com terapia, o *coaching* vai bem mais além. Assim, o *coach* esportivo é muito mais do que um simples "técnico" ou "treinador" de uma atividade esportiva. Ele é um treinador de pessoas. Um *coach* prepara pessoas para vencer em todas as dimensões. E vencer significa mais do que ganhar uma partida. Significa vencer o jogo da vida.

Evelyn Vinocur

Origem da palavra coach

Coach é uma palavra inglesa, mas de origem húngara (kocsi). Kocs é uma cidade húngara às margens do Danúbio e que no século XV produzia carruagens (*coaches*) altamente cobiçadas por seu grande conforto. *Coach* também era o tutor que no século XVIII ensinava os conhecimentos às crianças. O termo *coach* significando treinador esportivo não tardou a chegar. As universidades americanas do século XX chamavam de coach os instrutores, técnicos, treinadores e grandes incentivadores dos atletas nos esportes.

Terminologia

Coach é o profissional que conduz o processo, *coaching* é o processo de treinamento em si e *coachee* é o cliente que contrata o *coach*. O processo pode ser individual ou em grupo, como ocorre em empresas e clubes esportivos. *Coach* e *coachee* são parte ativa do trabalho que realizam juntos. Os encontros iniciais entre ambos são minuciosos e detalhados para um perfeito planejamento das metas e bons desfechos futuros. As metodologias usadas são vastas e variam de acordo com o tipo e demanda de cada cliente.

Pioneirismo do coaching esportivo

Podemos dizer que o *coaching* surgiu nos esportes com o seu pioneiro, Timothy Gallwey, técnico de tênis que nos anos 70 mostrou ao mundo o *coaching* esportivo e suas técnicas universalmente relevantes para a melhor performance do atleta. Para ele, "os verdadeiros adversários não são os concorrentes e sim as suas próprias limitações e fraquezas internas". Gallwey é hoje um dos mais requisitados palestrantes sobre liderança organizacional e também foi pioneiro no uso do conceito de autoaprendizado. Ele viaja o mundo contando como transformou um simples processo de ensino em uma forma incrível de desenvolvimento profissional. Seu mais recente livro, "*The Inner Game of Stress*", aborda o cenário atual do desafio em balancear vida pessoal e profissional.

Coaching Esportivo & Saúde

Fatores facilitadores e complicadores no mundo esportivo

O mundo esportivo é competitivo por natureza. Em uma competição, embora se diga que o mais importante é participar, sabemos que o que se quer é a vitória. Para o presidente da Sociedade Latino-americana de Coaching, Sullivan França, o *coaching* esportivo é uma das modalidades que mais cresce no Brasil, especialmente depois da escolha do Rio de Janeiro como sede das Olimpíadas de 2016. Daniel Goleman, autor de sucessos como "Inteligência Emocional" e "Inteligência Social", é o foco, ou a falta dele na sociedade atual. No livro recém-lançado nos EUA, *"Focus – the hidden driver of excellence"* (Foco – o condutor escondido da excelência), o autor discorre sobre o quanto a distração custa ao ser humano, tanto no campo financeiro como em nível de aproveitamento de tempo, desperdício de energia e desgaste emocional.

Para Gallwey, as emoções têm um papel muito importante no desempenho do indivíduo, pois o *coaching* alinha emoções e resultados. O atleta de alto desempenho busca excelência física e tática. No entanto, é sabido que mente e corpo compõem um sistema indivisível, sendo impossível obter excelência em casos de estresse ou problemas emocionais mal resolvidos. Assim, como os fatores táticos, técnicos e físicos são passíveis de treino, também os fatores psicológicos devem ser tratados para que o atleta/equipe possa expandir os seus limites. Inúmeros atletas com grande potencial não atingem a sua potência máxima por questões psicológicas. Todo atleta necessita desenvolver várias habilidades como motivação, assertividade, eficiência, atenção, foco e criatividade. Só assim ele estará em condições de desafiar os seus iguais. Gallwey foi o pioneiro da psicologia aplicada ao esporte, ao defender que em uma competição há dois jogos, um externo e um interno. O primeiro, jogado contra o oponente, e o segundo, jogado consigo mesmo, como o diálogo interno, falta de concentração, medos, ansiedade, falta de confiança em si mesmo, dúvidas e outros que possam inibir a excelência do desempenho. Assim, uma das mais importantes técnicas do *coach* é o controle da voz interna, que fortalece a autoestima e autoconfiança do atleta. Sabe aquele pensamento, aquela voz interna na cabeça, o diálogo interno que tantas vezes prejudica o atleta? Pois é, é a voz que faz com que o atleta pense o que não poderia pensar naquele momento, que o paralisa quando ele a ouve, que faz com que ele racionalize o que não deveria, que o faz tremer numa jogada decisiva e que o faz errar em uma jogada que não poderia. O *coach* ensina o atleta a cessar a voz interna e os problemas que não saem da cabeça, durante o jogo.

Como funciona

O *coaching* promove a entrada do *coachee* no mundo atual e competitivo do esporte e se compara a um processo de "estocagem", que equipa e provê o *coachee* com todas as ferramentas necessárias para que ele seja um atleta bem-sucedido. Faz parte a oferta de sólido e detalhado cabedal de conhecimentos sobre os resultados a serem alcançados e temas relacionados; provê o desenvolvimento de um olhar rápido e atento às oportunidades; o investimento máximo no conhecimento dos pontos fracos e fortes do cliente e seus competidores; facilita o desenvolvimento de soluções estratégicas e assertivas na resolução de problemas frente a possíveis embates e impedimentos.

Por isso, o *coaching* é um promotor de sucesso, um alavancador motivacional e de fortalecimento do atleta. Com o tempo, o atleta muda inclusive a sua forma de agir e de pensar diante do mundo. No entanto, o *coaching* esportivo não oferece uma solução mágica para todos os problemas do atleta/equipe. Na realidade, o trabalho de *coaching* requer tempo, comprometimento, boa vontade e planejamento. O domínio do emocional é feito com técnicas de respiração, autorrelaxamento, autoconhecimento e assertividade. O controle de impulsos é essencial para que ele não ceda às tentações, provocações e pressões impostas pelo próprio jogo. Um bom trabalho de *coaching* promove ao atleta a paz interior, dentro de um foco absoluto no jogo, na equipe e nos resultados. Imune às pressões, ele entra e sai de campo de modo sereno. Ênfase é dada também ao controle do patrimônio financeiro e espiritual, pois é esperado que o atleta, tendo fama, terá que aprender a lidar com o sucesso, com a família, seus princípios, fidelidade, dinheiro, mídia, valores éticos e morais. Só o atleta humilde e sábio é visto como sendo um profissional completo. A preparação do atleta se baseia no aprendizado e prática, é ato contínuo e se aperfeiçoa com o tempo, paciência, determinação, disciplina e boa vontade, requisitos essenciais durante todo o processo. Um trabalho meticuloso também é feito sobre o mercado na sua área, as características dos concorrentes, do público-alvo e das abordagens por eles usadas. Após treinamento efetivo, o atleta exibe uma otimização global, desde comportamental à destreza em visão estratégica, instinto de competição, superação de obstáculos e inovadorismo.

Conclusão

A tarefa do *coach* esportivo é estimular o(s) atleta(s) por meio de sua experiência pessoal e conhecimento técnico sobre esporte. Já a missão do *coaching* é unir este conhecimento à habilidade de levar o(s) atleta(s) ao limite de suas capacidades, isto é, ao aumento do autoconhecimento, da capacidade de adaptação e equilíbrio ao meio e, em consequência, a mudanças positivas no estilo e qualidade de vida. Cresce cada vez mais no Brasil a contratação de *coaches* pelos técnicos dos clubes esportivos pela complementação dos serviços e maximização dos resultados dos times. Ao *coach* cabe a preparação do atleta fora de campo, para que ele tenha sucesso dentro do campo. A potencialização de suas habilidades é igual ao sucesso garantido e hoje contamos com assessorias em *coaching* que usam métodos sofisticados, abrangentes e robustos. Entre outros, o planejamento e programação mental pré-jogo, o mapeamento cerebral de crenças e valores e a programação mental antecipada de competências, produzem cada vez mais atletas plenos, autoeficientes e autoprogramados. É por isso que o *coaching* esportivo é uma das profissões que mais crescem no mundo.

Referências
PERCIA, André. *Coaching – Missão e Superação, desenvolvendo e despertando pessoas.* São Paulo: Editora Ser Mais, 2012.
PERCIA, André et. al. *Master Coaches.* São Paulo: Editora Ser Mais, 2012.
GALLWEY, Tim. *The inner game of tennis* - Revised Edition.
GOLEMAN, Daniel. *Inteligência Emocional.* Editora Objetiva.
_____. *Foco – a atenção e seu papel fundamental para o sucesso.* Editora Objetiva.
Estresse no trabalho: quando a pressão ultrapassa o cansaço. Acesso em xx xx de 2014 <http://sites.uai.com.br/app/noticia/saudeplena/noticias/2013/08/01/noticia_saudeplena,144170/estresse-no-trabalho-quando-a-pressao-ultrapassa-o-cansaco.shtml>

9

Plano integral de Bem-Estar – PIBE©

O conhecimento dos benefícios ao se manter um estilo de vida saudável não garante, por si próprio, a adesão e manutenção das pessoas em programas de promoção da saúde e bem-estar. Acredita-se que a elaboração de um planejamento, alinhado aos valores pessoais e que considere o bem-estar em suas dimensões física, emocional, social e espiritual seja uma ação importante na busca pelo bem-estar. Assim, apresentaremos o conceito e as dimensões do PIBE - Plano Integral do Bem-Estar, desenvolvido pela Fun & Health em parceria com o Instituto Evolutio

Fábio Oliveira & Rudney Uezu

Fábio Oliveira & Rudney Uezu

Fábio Oliveira dos Santos: Fisioterapeuta especialista em Qualidade de Vida no Trabalho, com anos de experiência atuando como consultor e coordenador de programas de bem-estar e qualidade de vida de empresas de médio e grande porte, dentre elas Roche, Volkswagen, Boehringer Ingelheim, Solutia, Bradesco, Telefônica, DSM dentre outras. É Diretor Executivo da empresa Fun & Health, especializada em desenvolver programas e soluções em Bem-Estar e Qualidade de Vida que visam auxiliar pessoas no processo de mudança e/ou manutenção de hábitos e estilo de vida saudáveis.

Contatos
www.funandhealth.com.br
fabio@gruposstd.com.br

Rudney Uezu: Doutorado pela EEFE-USP. Professor Universitário, consultor, *coach* em saúde e bem-estar. Experiência na implantação e gestão de programas esportivos e de bem-estar. Coordenador de esportes do colégio Carbonell. Diretor Executivo do Instituto Evolutio.

Contatos
www.institutoevolutio.com.br
www.chaprofissional.blogspot.com
rudney@institutoevolutio.com.br

Fábio Oliveira & Rudney Uezu

O cenário atual...

Com a chegada da chamada "Era do conhecimento" ocorreu uma disseminação muito grande de informações sobre assuntos relacionados à promoção de saúde e qualidade de vida. As pessoas já sabem os benefícios da atividade física, alimentação saudável e cultivo de seus relacionamentos sociais.

Acredita-se que já temos informações suficientes para iniciar e manter um estilo de vida ativo, que combinaria a prática de atividades físicas, alimentação saudável, atividades de controle do *stress*, dentre outras práticas de promoção da saúde.

Entretanto, embora a população já tenha conhecimentos sobre tais benefícios, ainda não ocorreu uma mudança significativa no estilo de vida dela, sendo que o que se observa é um movimento contrário, ou seja, um aumento nos níveis de inatividade física, apesar da ciência das consequências de tal fato.

Assim, acredita-se que as pessoas não mantêm, necessariamente, um estilo de vida considerado saudável por falta de conhecimento sobre o assunto! Para completar, existe uma necessidade de mudança de comportamento, por parte de alguns profissionais da área da saúde, especificamente em sua postura profissional.

O *personal trainer* é o responsável pelo programa de atividades físicas, a nutricionista pela alimentação saudável e assim por diante. Cada profissional apresenta, em função de sua especialidade, fatos e evidências que comprovem a importância e as aplicações de seu trabalho na promoção da saúde. Entretanto, normalmente são apresentadas informações que já são de domínio público e que provavelmente a grande maioria das pessoas já tenha tal conhecimento. Embora não seja nosso objetivo realizar juízo de valor, acreditamos que, ao invés de informar, os profissionais deveriam tentar sensibilizar as pessoas a adotar e manter um estilo de vida saudável, de forma assertiva e adequada com suas características naquele contexto.

Por exemplo, no caso de uma pessoa obesa, são ressaltadas as consequências e riscos associados à obesidade, como se o reforço das consequências da obesidade fosse o fator central para motivar o início de um processo de emagrecimento.

Coaching Esportivo & Saúde

Em nossa prática profissional, acreditamos no reforço quanto aos benefícios do emagrecimento, com a apresentação dos resultados esperados em curto, médio e longo prazo e que o próprio emagrecimento em si seja entendido como parte de um processo maior na busca pela qualidade de vida e bem-estar.

Nesse sentido, além de sensibilizar (ao invés de tentar informar) as pessoas sobre a importância de manter hábitos saudáveis, faz-se necessário também a elaboração de um plano de ação que contemple claramente os objetivos da mudança de comportamento, associado a um mecanismo de controle de metas e acompanhamento de todo o processo.

Essa tentativa de sensibilização pode auxiliar significativamente no processo de mudança de comportamentos, especialmente quando apresentam claramente suas consequências e benefícios, que aponte objetivos e metas em uma visão ampliada do bem-estar.

A importância de uma visão do bem-estar

Para a elaboração de um plano de ação, inicialmente faremos a distinção entre os fatores fundamentais e os importantes para as ações na promoção da saúde e qualidade de vida. Os fatores fundamentais me ajudam a alcançar o que é importante, que representa o que realmente é relevante no contexto do bem-estar, em sua essência e plenitude.

Por exemplo: para um obeso seria fundamental a diminuição de gordura corporal, para minimizar as consequências físicas e psicossociais da obesidade e assim ficar mais próximo do importante, que seria poder desfrutar dos benefícios do emagrecimento.

Nesse sentido, um processo de *coaching* em saúde e bem-estar passa a ter um papel relevante, à medida que auxilia as pessoas a distinguir os fatores importantes e definir claramente sua visão (o objetivo) nas diferentes dimensões do bem-estar (físico, emocional, espiritual e social), bem como na construção de um plano de ação detalhado e que considere a melhoria do bem-estar como um processo contínuo.

Para a formulação da visão de bem-estar é necessário considerar seus valores pessoais bem como os fatores motivadores e benefícios. Para exemplificar, sugerimos (somente como um modelo, não como uma verdade absoluta) a utilização da seguinte estratégia:

Visão de bem-estar = objetivo futuro + dimensão do bem-estar + justificativa com significado pessoal. Exemplos:

"Manter um estado de equilíbrio físico, psicossocial e espiritual a partir da prática de atividades físicas regulares, aliada a um processo de reeducação alimentar e atividades de lazer que me permitam participar ativamente da criação de meus filhos."

"Desenvolvimento pessoal ao buscar um estado de bem-estar, a partir de um equilíbrio entre os fatores físicos, psicossociais e espirituais nos diferentes papéis desempenhados no cotidiano e ao considerar minha família como uma unidade integrada."

"Manter uma vida equilibrada nas dimensões espiritual, física, emocional e social, para desfrutar de momentos de lazer com hábitos saudáveis na companhia de minha família e amigos."

O estabelecimento de metas é importante porque é por meio delas que nossos objetivos se transformam em ações, com prazos definidos. Para estipular as metas sugere-se a utilização da estratégia SMART (específica, mensurável, atingível, realista e temporal) nas diferentes dimensões do bem-estar (física, emocional, espiritual e social), para contemplar a visão de bem-estar de forma integral.

Vamos analisar a seguinte situação na perspectiva física: minha meta é melhorar a qualidade de minha alimentação. Embora seja um objetivo importante, está muito genérico porque várias ações, como inserir o consumo de líquidos sem açúcar, frutas ou saladas, poderão ser realizadas.

Ao aplicar a estratégia SMART, a mesma meta citada seria dividida em várias, como comer uma fruta no intervalo entre o almoço e o jantar, beber um copo de água a cada duas horas, substituir o açúcar pelo adoçante durante as refeições nos dias da semana, e assim por diante.

Agora que você já sabe da importância de estabelecer seus objetivos no contexto do bem-estar (visão) bem como definir as ações que devem ser realizadas (metas), o desafio agora será organizar um plano de ação realista e coerente com seus objetivos, com informações assertivas e de fácil visualização.

O Plano Integral de Bem-Estar - PIBE©

A Fun & Health em parceria com o Instituto Evolutio desenvolveu um modelo, denominado PIBE© "Plano Integral de Bem-Estar", que contempla uma avaliação geral do bem-estar e um plano de ação com metas e objetivos que considerou técnicas de *coaching* e ferramentas administrativas, adaptadas e aplicadas ao contexto da saúde e bem-estar.

O PIBE© considera o bem-estar a partir de quatro dimensões principais: física, emocional, espiritual e social e tem como objetivo auxiliar a pessoas a desenvolver e aprimorar plenamente seu potencial, de forma equilibrada e que considere um equilíbrio entre suas dimensões.

A dimensão física engloba características pessoais (constituição corporal, nível de atividade física, pressão arterial, colesterol, glicemia dentre outros) assim como seus comportamentos (nível de atividade física, hábitos alimentares, realização de *check-up*). A dimensão emocional considera os sentimentos, emoções e níveis de *stress*. Já o social engloba nossos relacionamentos, sejam eles no ambiente familiar, trabalho ou lazer, no equilíbrio entre vida pessoal e profissional.

Especificamente sobre a dimensão espiritual, é importante a diferenciação da religiosidade. A espiritualidade é entendida a partir do senso de propósito na vida em suas dimensões (pessoal, familiar e profissional), grau de satisfação e gratidão (na vida pessoal e profissional) crenças e valores (princípios que orientam nossas ações), enfim no entendimento da essência dos objetivos e da busca pela felicidade.

Embora as dimensões sejam separadas, é importante considerar as relações e as interações existentes entre os diferentes componentes na constituição do bem-estar de uma forma integrada, bem como a impossibilidade de estabelecer um modelo único para todos, já que o componente subjetivo sempre estará presente.

Nesse sentido, não adianta estimular as pessoas a buscar o padrão de beleza e estética vigente, uma vez que as pessoas apresentam seus objetivos, crenças e até perspectivas de vida diferentes. Assim, será que a busca por um perfil físico não seria um objetivo limitado?

Acreditamos, em nossa realidade de trabalho, que a busca pelo bem-estar deveria formular os objetivos considerando as possíveis interações entre as dimensões do bem, dentro das possibilidades e buscando um equilíbrio dinâmico.

Após a definição da visão acredita-se que o próximo passo é realizar um mapeamento do bem-estar atual e assim formatar um plano de ação que possibilite visualizar as dimensões do bem-estar, seus fatores críticos de sucesso, os objetivos e metas específicas, assim como as ações práticas que deverão ser realizadas.

Para ilustrar, considere o seguinte exemplo:

João é um bem-sucedido empreendedor na área de TI. Devido a sua rotina de trabalho, parou de praticar atividade física de forma regular e ganhou cerca de 15 quilos nos últimos dois anos, fato que foi agravado por ficar sentado durante praticamente todo o seu expediente e começou também a sentir dores na região lombar. Ele trabalha sozinho em seu escritório e não possui um horário fixo para refeições. Apesar da obesidade e sedentarismo, João gosta muito do seu *happy hour* semanal com os amigos, bem como dos jantares fora de casa com sua família.

Embora tenha um horário bem flexível, ao chegar em casa após o trabalho, normalmente está estressado e sem disposição para dar atenção a sua esposa Maria e seus filhos Lucas e Júlia de seis e quatro anos. Aos finais de semana, quando não tem pendências do trabalho para resolver, ele só pensa em descansar para se recuperar e suportar a próxima semana de trabalho.

Um dia, João conversa com Maria e expressa toda a sua insatisfação com o estilo de vida que tem, apesar de não ter preocupações financeiras. Ele reclamou de sua falta de disposição para curtir sua família, do seu excesso de peso e também das dores que vem sentindo na região lombar. Após conversar e receber o apoio de Maria, João iniciou um trabalho com Pedro, um *coach* de saúde e bem-estar e que trabalhava com um Plano Integral de Bem-Estar chamado PIBE©.

Ao iniciar seu trabalho, Pedro explicou que o PIBE© consistia na aplicação de algumas técnicas específicas e que estabeleciam uma relação de parceria com João para ele conhecer o estado em que se encontra atualmente, definir um propósito e um plano de ação integrado com seus objetivos e que respeitasse suas características e valores pessoais.

Assim que João recebeu seu PIBE©, ficou muito satisfeito com o trabalho de Pedro, já que ele conseguiu produzir um documento que possibilitou a visualização de seus objetivos específicos, além de incluir metas e ações alinhadas com sua visão no contexto do bem-estar.

Para finalizar, Pedro ofereceu a João, além da elaboração do seu PIBE©, um programa de *coaching* para acompanhar as conquistas e realizações na sua trajetória rumo aos seus objetivos, a partir da utilização de ferramentas e técnicas consagradas e com comprovação científica.

Coaching Esportivo & Saúde

A seguir, o PIBE© simplificado de João, somente com a dimensão física. Visão de bem-estar: manter uma vida equilibrada nas dimensões espiritual, física, emocional e social, para desfrutar de momentos de lazer com hábitos saudáveis na companhia de minha família e amigos.

Exemplo simplificado do PIBE© com a dimensão física:

Fatores críticos de sucesso	Objetivos	Metas	Ações
Emagrecimento	-Melhorar os hábitos alimentares -Iniciar um programa de atividades físicas	-Comer uma fruta no lanche da tarde durante a semana - Substituir o refrigerante por sucos e água	- Realizar exames laboratoriais - Organizar rotina de compras no hortifruti - Selecionar um *personal trainer*
Reeducação postural	-Matricular nas aulas de pilates	-Praticar pilates antes do trabalho duas vezes por semana	- Contratar um fisioterapeuta para uma análise ergonômica no seu escritório

Assim, o PIBE© tem a intenção de auxiliar as pessoas a encontrar um estado de equilíbrio entre as quatro dimensões do bem-estar identificadas, bem como de oferecer um plano de ação que considere a integração dos fatores que compõem o bem-estar.

10

Coaching aplicado as quatro personalidades básicas humanas com as três autoqualidades internas

familiar - social - profissional - pessoal

Em síntese, *coaching* e personalidades humanas básicas, quando usadas simultaneamente, têm a capacidade de potencializar as melhores qualidades internas de um cliente com rapidez e efetividade na conquista de resultados no esporte e saúde

Fábio Soler

Fábio Soler

Fisioterapeuta Osteopata Clínico, Pós-graduado em Terapia Manual e Técnicas Osteopáticas, *Practitioner* em PNL com Hipnose, Formação Internacional em *Microkinesitherapie*. Atua como Docente em Cursos de Graduação e Pós-graduação em diversas áreas afins à saúde; desenvolve programas pessoais e empresariais em treinamentos especializados – *Coach* e PNL. Palestrante de cursos de formação por todo Brasil. Proprietário da Clínica de Osteopatia Integrada no município de Três Lagoas (MS).

Contatos
www.fabiosoler.site.med.br
fabiossoler@gmail.com
www.youtube.com.br/ensinosolerterapias
(67) 3522-9603 - Três Lagoas - MS.

Os humanos que são considerados seres evoluídos, têm a capacidade de interagir a partir do neocórtex (cérebro racional) com o meio interno (organismo) e externo (meio ambiente) de forma associada com o nosso paleocórtex (cérebro emocional). Há também quatro personalidades básicas que deve estar em constante equilíbrio: **familiar, social, profissional e pessoal.**

A personalidade, de forma simples, em geral é formada por comportamentos psíquicos, chamado por Jung de "persona", um complexo funcional que surgiu por razões de adaptação ou de uma necessária comodidade, mas que não é idêntico à individualidade. Refere-se exclusivamente à relação para com os objetos, com o exterior. "A persona é *um compromisso entre indivíduo e sociedade sobre como alguém aparenta ser*".

Cada personalidade descrita acima deve estar bem individualizada, de forma harmoniosa com o seu "trilho" preciso. Quando um "trilho" começa a interferir em outro, por exemplo, a personalidade (persona) "profissional" invade (interfere) a "pessoal" e há o início da perda do equilíbrio no autocontrole interno. O "limite" ou "tolerância" começa a desequilibrar o estado interno sensitivo. Desequilibrado, libera hormônios e substâncias que proporcionam o estresse.

Com mais de três meses em estresse permanente, o organismo começa entrar no instinto primitivo da vida, que é a sobrevivência, acarretando em sintomas físicos e emocionais.

Muitas pessoas procuram o *coaching* como um meio para atingir seus objetivos, ou seja, sair do estado atual e chegar ao estado desejado, mas, para esse estado ser autossustentável, deve-se manter o equilíbrio dos trilhos das quatro personalidades humanas sem perder a ecologia interna.

A finalidade da técnica proposta aqui é criar um modelo de desenvolvimento de *coaching* associando as personalidades descritas.

Inicia-se o exercício fazendo o cliente falar três qualidades que ele tem

>*Por exemplo:*
>*Quais são as principais "qualidades" que você tem como recursos internos?*
>*O cliente responde: sinceridade, determinação e honestidade.*

Coaching Esportivo & Saúde

Assim, o profissional *coach* já utiliza esses recursos internos de qualidade apresentados pelo seu cliente voltando, para ele mesmo, mas com uma temática diferente.

> *Por exemplo:*
> *Você tem sido sincero consigo nos últimos meses?*
> *A sua determinação está sendo autossuficiente para chegar aonde quer?*
> *E você tem sido honesto consigo nos últimos meses e ano?*

Foca-se sempre na personalidade que estiver com maior nível de estresse, ou seja, em desequilíbrio.

Então é interessante ancorar o estado, e a âncora pode ser sinestésica, visual ou auditiva. Sugiro usar a linguagem mais próxima do seu cliente.

Após isso, deve-se fazer o tradicional acompanhamento ao futuro (ponte ao futuro), projetando sempre a melhor qualidade do cliente e o fazendo "viver", de forma real (pois serão liberados neurotransmissores), o seu estado interno.

E qual meta deve ser alcançada, a curto, médio e longo prazo?

Assim, o cliente fará uma reflexão e iniciará, em seu estado interno, o diálogo interno com as suas melhores qualidades, como foi dito por ele mesmo.

Os seres humanos têm todos os recursos internos necessários para fazer a auto-organização de suas vidas, basta estimulá-los, proporcionando ao cliente o que ele tem de melhor em sua trajetória.

No processo de *coaching* no esporte, essa técnica pode ser aplicada para melhorar o desempenho dos trilhos das quatro personalidades descritas anteriormente, pois, se cada trilho não estiver bem equilibrado, começa a alterar os estados somáticos, neurotransmissores, hormônios e várias substâncias que colaboram para toda a função do sistema nervoso do atleta ou de qualquer outra pessoa, e, assim, perde-se a performance na qualidade das atividades de forma global.

Com a explicação do exercício, anteriormente relacionado, o cliente terá os maiores benefícios com seu diálogo interno, que proporcionará um desenvolvimento pessoal e profissional. Além de um processo de expansão da consciência, autoconhecimento e alcance de seus objetivos, pois está na linguagem de suas melhores qualidades.

Para que o *coach* e o *coachee* (cliente) tenham acesso a esse mundo, o *coachee* tem que praticar a auto-observação, pois mudanças ocorrem somente quando os *coachees* acreditam e sentem que isso é possível e que têm os recursos necessários para tal. Devido a isso, sugiro fazer o exercício com as qualidades propostas pelo próprio cliente.

Para David Clutterbuck , no esporte e na saúde de forma em geral:

> "O profissional de *coaching* atua como um estimulador externo que desperta o potencial interno de outras pessoas, usando uma combinação de paciência, *insight*, perseverança e interesse (às vezes chamado de carisma) para ajudar os receptores de *coaching* (*coachees*) a acessarem seus recursos internos e externos e, com isso, melhorar de desempenho."

Para a vida profissional, pessoal, qualidade de vida e esporte.

> "O processo de *coaching* oferece um contexto seguro, no qual os *coachees* podem identificar o que está funcionando e o que não está, experimentar novos comportamentos e aprender com suas experiências."

11

Coaching com foco em emagrecimento

O autoconhecimento é a chave para
uma vida saudável e feliz

Fernanda Camilo David

Fernanda Camilo David

Personal e Professional Coaching pela Sociedade Brasileira de Coaching (Graduate School of Master Coaches e Institute Coaching Council). Membro da Sociedade Brasileira de Coaching. Tecnóloga em Gestão de Recursos Humanos pela Univali e pós-graduanda em Psicologia Transpessoal. Atua contribuindo no desenvolvimento pessoal e profissional de pessoas, empresas e grupos com *cases* de sucesso em trabalhos de Life Coaching e Assessoria Organizacional na região sul de Santa Catarina. Ministra palestras com foco em qualidade de vida e alinhamento de objetivos profissionais x pessoais, um dos grandes desafios de todos nós. Traz em suas palestras uma série de informações práticas sobre o fascinante e desejado mundo da felicidade e sucesso baseado nos fundamentos do *Coaching* e sua experiência de mudança comportamental. *Practitioner* em PNL, Facilitadora de Grupos, Coautora do livro *O segredo do sucesso pessoal* e Proprietária da empresa Fernanda Camilo Coaching e Assessoria em Bem Estar. Pioneira em Coaching voltado para Emagrecimento e Bem-Estar no sul do país.

Contatos
coach.fernanda1@gmail.com
Skype: Fernanda.coach1
Facebook: Coach.Fernanda
(48) 9646-1762 / (48) 8443-9864

Fernanda Camilo David

Quando recebi o título do livro *"Coaching esportivo e saúde – Estratégias para melhorar o rendimento esportivo e o bem-estar físico"*, pensei de imediato em escrever sobre minha experiência no campo do *coaching* de saúde com foco em emagrecimento. Por isso, antes de começar a "conversar", penso ser fundamental alinharmos alguns conceitos no intuito de partirmos do mesmo ponto. A Organização Mundial da Saúde – OMS define saúde como "o completo estado de bem-estar físico, mental e social, e não simplesmente a ausência de enfermidade". Diante desse conceito, podemos perceber que é culturalmente comum abordarmos a palavra saúde dentro de um contexto de "ausência de enfermidade" e considerando muito pouco a saúde como um completo estado de bem-estar físico, mental e social. Focamos muito as doenças e pouco consideramos nossos sentimentos em relação a bem-estar, à saúde mental e, principalmente, pouco os entendemos num contexto social. Avaliamos nossa saúde a partir de um desses itens isoladamente. A partir de agora, gostaria que todos compreendessem saúde a partir desses três pilares: bem-estar físico, mental e social, pois este capítulo será baseado no entendimento dessa tríade.

Falamos do conceito de saúde e definimos qual entendimento utilizaremos nesse capítulo, porém temos mais um conceito a apresentar que acredito muito conhecido de grande parte de vocês leitores, o conceito de *coaching*. O *coaching* é um processo que utiliza técnicas e ferramentas com resultados cientificamente comprovados, aplicados por meio do profissional habilitado, o *coach*, que atua em parceria com o *coachee* (cliente) durante todo o processo, em busca do objetivo definido, que pode ser de mudança e ou ampliação da satisfação em variados aspectos da vida.

O que o processo de *coaching* tem a ver com saúde? O *coaching* vem compartilhar estratégias com foco na melhoria do bem-estar do cliente como um todo, porém, como falo sempre em minhas palestras e grupos, que bom seria que todas as estratégias disponíveis nessa imensidão de informações que o mundo nos proporciona fossem aplicadas por todos e trouxessem os resultados apresentados.

Como colocar em prática todas as informações a que temos acesso? De que forma o *coaching* de saúde com foco em emagrecimento pode nos ajudar nesse sentido? Independentemente de onde venham as informações, a opção de colocar em ação tudo o que aprendemos, e incluo aqui as estratégias que trarei neste capítulo, a decisão de dar o primeiro passo é somente sua. Minha intenção com este capítulo é trazer informações e compartilhar aprendizados com resultados satisfatórios que foram aplicados nas sessões de *coaching* de saúde com foco em emagrecimento e sensibilizá-los a pensar sobre o assunto.

O *coaching* de saúde com foco em emagrecimento vem com o objetivo de auxiliar o *coachee* a atingir o resultado desejado, a perda peso, e também tem o propósito de despertar um entendimento de todo esse processo em relação ao seu próprio corpo e a si mesmo. O *coach* não prescreve medicamentos, terapias alternativas, exercícios físicos e dietas alimentares, isso é de competência dos profissionais regulamentados para tal. Tampouco aconselha ou dá os caminhos. O *coach* atua como facilitador e parceiro do *coachee* na execução de todas as ações em prol da busca do peso desejado. Ele auxilia o *coachee* a entender, refletir e buscar as soluções por si próprio.

Antes de iniciarmos qualquer mudança em busca de uma vida saudável, devemos nos perguntar: fazer isso é realmente importante para mim ou para os outros? Vivemos numa sociedade que definiu padrões, de altura, peso, cor de cabelo, modo de vestir, etc., "culturalmente aceitos", e esses padrões nos foram ensinados e contribuíram para a formação de nossa percepção sobre o mundo e as coisas. Por isso é tão importante entender o real motivo que nos faz buscar uma mudança de sentimentos, pensamentos e comportamentos em prol de uma meta de perda de peso. O processo de mudança em busca do peso desejado é algo contínuo, não finaliza ao término do processo. Ele segue por toda a vida e é por isso que esse objetivo deve ser muito importante para você, pois é isso que vai ajudá-lo nos momentos de dificuldades durante a caminhada. A motivação deve ser sempre interna, somente sua.

- **Passo 1:** definir o motivo que me faz querer esse emagrecimento.

Juntamente com o entendimento do que nos motiva a buscar esse emagrecimento, devemos aceitar que não estamos felizes com o nosso corpo, aceitar que estamos numa situação que desequilibra nosso bem-estar físico, mental e social, enfim, sermos honestos e francos, aceitar a situação atual, aceitar que essa situação não queremos mais. Esse entendimento da nossa necessidade é fundamental, pois só iremos nos propor a dar o primeiro passo quando identificarmos o que nos incomoda, o que não está legal. Enquanto não ficarmos conscientes, não temos um problema ou inquietude. Por exemplo, encarar que aqueles quilinhos a mais nos incomodam muito e aceitar isso. Muitas vezes evitamos esse confronto, pois não sabemos por onde começar e principalmente temos medo de fracassar como em todas as outras tentativas. Essa aceitação faz com que uma necessidade de mudança muito forte venha à tona. Sei que não é uma das tarefas mais fáceis ficarmos frente a frente com o que nos incomoda, olharmos para nossa essência e apontar o dedo para nós mesmos. Porém acredite, é a partir daí que conscientemente nos responsabilizamos e nos comprometemos com nós mesmos e promovemos a mudança, se assim desejarmos. Afinal, continuar ou não como estamos é uma decisão nossa.

- **Passo 2:** aceitação do momento atual

Então já aceitamos a situação em que nos encontramos, definimos qual a nossa motivação para a mudança e agora precisamos definir qual o nosso objetivo de perda de peso, qual situação ideal queremos buscar? A definição do objetivo é um dos passos mais importantes no processo de *coaching* com foco em emagrecimento. Muitos clientes buscam uma perda de peso excessiva em curto prazo, ou seja, um objetivo irreal que irá exigir uma mudança radical e que não será mantida. Por isso, ao definir o seu objetivo de perda de peso, você deve estabelecer sim uma meta desafiadora, porém alcançável. Por exemplo:

1. Quero perder dez quilos em 30 dias (meta irreal) ou
2. Quero perder dez quilos em 12 meses (meta alcançável, porém pouco desafiadora).

No primeiro caso temos uma perda de peso alta dentro do prazo estabelecido. É uma meta desafiadora, porém que vai exigir uma mudança radical de comportamentos, com a aquisição de novos. Durante trinta dias pode ser possível mantê-los, porém, logo após a perda dos quilos definidos, os antigos hábitos retornam, pois a prática de novos hábitos não estava sedimentada devido ao curto espaço de tempo praticado (trinta dias). No segundo caso não há necessidade de um *coach*. Quem de vocês se sentiria motivado a perder menos de um quilo em 30 dias? Quem de vocês entraria em ação para mudança de hábitos em prol de uma perda de peso de menos um quilo por mês? Não é um objetivo desafiador que irá mantê-lo na caminhada diante das dificuldades.

- **Passo 3:** definir um objetivo desafiador, relevante e alcançável.

Uma das coisas que nos impedem de iniciar qualquer processo de mudança e, no nosso caso, a busca do peso ideal, é fixar nossa atenção no objetivo final. Pensar numa perda de peso de 30 quilos é algo gigantesco que pode nos impedir dar o primeiro passo, por isso devemos visualizar esse objetivo dividido e pensar, por exemplo, na perda de quatro quilos por mês. Assim a ansiedade é reduzida e a motivação mantida, afinal, pensar em quatro quilos é muito mais motivador do que pensar em 30 quilos.

- **Passo 4:** divida o seu grande objetivo em micrometas.

Até aqui aprendemos a importância do objetivo, aceitação da situação atual (conscientização do problema), motivação, definição de um objetivo desafiador, relevante e alcançável, e a visualização desse objetivo em micrometas. E agora uma das perguntas que considero mais desafiadoras: quando você quer isso? Exato, quando você quer alcançar o seu objetivo, quando quer vestir aquela calça 36 ou quando quer ter os botões folgados da camisa social que você ama? Vamos lá, defina uma data, atentando para o ponto que utilizamos na definição do objetivo, uma data desafiadora, alcançável e relevante. Desperta certa ansiedade, eu sei, e até mesmo certo medo, pois estamos assumindo um compromisso conosco e com o profissional *coach*. Tenho certeza que vários pensamentos surgiram como "ai, essa data é muito longe", "esse prazo é muito curto, não vou conseguir", "não sei que data definir", "vou escolher uma data com prazo enorme, assim não me sentirei tão frustrado". Nesse momento o *coach* irá auxiliá-lo a pensar numa data adequada ao seu objetivo, encorajando-o. Durante o processo, essa data poderá ser revisada, até mesmo porque você pode se surpreender, vestindo sua calça 36 ou fechando os botões da camisa social com folga antes da data definida.

- **Passo 5:** defina uma data para o alcance do seu objetivo

Com o foco e prazo definidos, vamos à caminhada. O que você pode fazer de diferente em busca do seu objetivo a partir de hoje? Defina uma ação e coloque em prática agora, não deixe para amanhã. Sempre há algo a fazer. Após a escolha da ação precisamos verificar de que forma a nossa rotina pode impedir ou facilitar a realização da ação definida, verificar também como minimizar os possíveis dificultadores e quais recursos iremos precisar para colocá-la em prática. Dessa forma estamos eliminando todas as desculpas e justificativas que antigamente utilizaríamos. Faça isso sempre pra cada nova ação iniciada. Toda semana você definirá uma ação nova e cumulativamente terá uma série de novos comportamentos colocados em prática, só iremos saber se determinada ação será boa ou não se experimentarmos, por isso, no decorrer das semanas você deve avaliar os aprendizados e quais as ações estão o levando cada vez mais próximo do seu objetivo. Esse processo de novas experiências e mudanças deve ser motivador e a caminhada deve trazer felicidade, assim teremos muito prazer em dar mais um novo passo, muito mais confiança, pois estamos nos sentindo bem com o processo e com nossas conquistas que sempre, eu disse sempre, devem ser celebradas. Elogie-se, compre um presente, faça coisas que gosta e que há tempos havia deixado de lado. Olhe-se no espelho e diga parabéns. Cada conquista nos deixa cada vez mais longe de onde não queremos estar mais (descontentamento com o peso) e nos aproxima de onde queremos chegar (peso desejado).

À medida que você vai colocando em prática novos hábitos em sua rotina e os executa com disciplina, os hábitos antigos vão sendo colocados num espaço pouco utilizado e ficam por lá. Porém é importante estar sempre alerta, pois qualquer oportunidade que você der ao hábito antigo ele voltará com força total. E de que forma criamos essa oportunidade para os antigos hábitos? Quando num domingo qualquer nos presenteamos com uma deliciosa guloseima, afinal fomos muito disciplinados durante a semana. Essa é uma oportunidade arriscada e é a partir de um fato como esse que podemos desistir. De acordo com estudos da neurociência, o cérebro procura manter os hábitos que já conhece, pois seu objetivo é economizar energia. Não temos como excluir hábitos aprendidos durante uma vida toda. Em contrapartida, podemos cultivar novos hábitos. Saberemos que estes novos hábitos estarão consolidados quando passarmos a realizá-los de forma automática, como escovar os dentes. Um dia nos ensinaram a escovar os dentes e hoje não pensamos em cada ação que envolve o ato de escovar. Outra informação fundamental: não espere receber apoio de outras pessoas nesse desafio além de você mesmo. Sem perceber, muitos familiares e amigos irão colocar você em situações sabotadoras, com convites para jantar, festinha de amigos, comemoração de aniversário, almoço de domingo com a família, aquele chocolate de presente e muitas outras situações, todas envolvendo o ato de comer. Não são seus familiares ou amigos que devem adaptar-se à sua nova realidade, mas é você quem irá decidir o que fazer, até por que o universo não irá mudar para que possamos alcançar o nosso objetivo. Tudo continuará igual. Somos nós quem devemos mudar, afinal o alcance do objetivo é importante para nós e não para os outros.

Esteja consciente nesse processo. Aceite suas dificuldades, avalie as oportunidades, aprenda com os erros, retome sempre a importância desse objetivo e o que o motivou a ser verdadeiro com sua essência, com a sua necessidade. E coloque essa necessidade como a coisa mais importante para você. Foco no futuro! Tenha sempre um objetivo, seja seu próprio parceiro, seja seu próprio *coach*.

Tudo o que foi escrito até agora foi praticado e vivenciado por mim. Essas foram as minhas estratégias com base no processo de *coaching* e adaptadas a minha necessidade para alcançar o meu grande objetivo: a perda de 16 quilos. A princípio definido para dez meses, mas efetivado em apenas quatro meses.

Quem eu queria ser? A mulher da foto que abre esse capítulo. Gratidão por compartilhar com vocês minhas estratégias. Foi esse resultado que motivou o início de meus trabalhos em *coaching* com foco em emagrecimento e bem-estar.

12

Sugestão metodológica de *coaching* esportivo

Para garantir as melhores performances, é preciso aprender a falar com o cérebro e com a mente dos atletas e não apenas com seus aparelhos locomotores. O *coaching* esportivo é uma poderosa ferramenta que valida e faz uso do fato de que todo pensamento é, na essência, uma internalização de movimentos. A tradução do conceito acima para a prática pode se dar por meio de uma metodologia

Ivan de Marco

Ivan de Marco

Palestrante em eventos corporativos e institucionais, desenvolve cursos e programas de treinamento para empresas, profissionais e todas as pessoas interessadas em se conectar a conhecimentos que as tornarão mais felizes, saudáveis e produtivas. Profissional de educação física, com mais de 18 anos de experiência como *Personal Trainer* e *Life Coach*, prepara física e mentalmente pessoas para todos os desafios da vida cotidiana, atlética e esportiva, através da integração de estratégias eficientes de mudança de comportamento aos programas individualizados de treinamento físico. Possui duas certificações em *Life Coaching* obtidas no Spencer Institute - EUA e é Hipnoterapeuta certificado pela NGH - National Guild of Hypnotists - EUA. É também membro do Board de Service Thinkers da EISE - A Escola de Inovação em Serviços, onde conecta pessoas e instituições a conhecimentos relevantes e atuais sobre inovação, empreendedorismo e *design*.

Contatos
www.ivandemarco.com.br
www.escolahumans.com.br
ivan@ivandemarco.com.br
Facebook: https://www.facebook.com/ivandemarcoprofissional
Twitter: @ivandemarco
Linkedin: https://br.linkedin.com/in/ivandemarco
+ 55 (11) 98141-8329

Ivan de Marco

Nosso corpo é um espaço constantemente habitado por forças que agem independentemente da nossa vontade e, às vezes, nos prejudicam e impedem que nosso desempenho ocorra à altura dos nossos melhores recursos em diversas áreas da vida.

Em competições esportivas de alto nível, preparação física, técnica e tática estão quase sempre equiparadas entre os atletas e a melhor performance geralmente pertence àqueles que conseguem executar seu melhor desempenho sob grande pressão.

Imagine as emoções vivenciadas por um atleta que, após anos de treinamento, chega às finais de uma competição dessas e as possíveis consequências desses estados internos em seu desempenho. A pressão por resultados positivos em uma competição cria impacto nas emoções, no raciocínio e nas ações dos atletas e o sucesso nesses momentos decisivos está também relacionado com competências mentais capazes de lidar com esses impactos.

Por isso, a rotina de treinamento deve contemplar um suporte profissional capaz de preparar também a mente do atleta para demandas de situações desse tipo.

Esta sugestão metodológica de *coaching* esportivo cria condições para garantir alta performance nesses momentos de decisão.

O objetivo central é capacitar atletas a utilizar e potencializar, nas competições, todos os recursos adquiridos em seu treinamento, sem interferências negativas.

Conceitualmente, a intervenção do profissional de *coaching* esportivo deve ocorrer em quatro áreas.

O método sugerido abraça as quatro áreas e tem como base o desenvolvimento de sete competências:

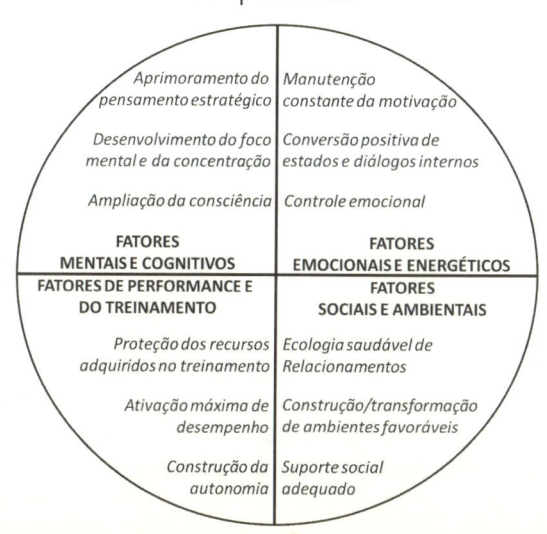

FATORES MENTAIS E COGNITIVOS	FATORES EMOCIONAIS E ENERGÉTICOS
Aprimoramento do pensamento estratégico	Manutenção constante da motivação
Desenvolvimento do foco mental e da concentração	Conversão positiva de estados e diálogos internos
Ampliação da consciência	Controle emocional
FATORES DE PERFORMANCE E DO TREINAMENTO	**FATORES SOCIAIS E AMBIENTAIS**
Proteção dos recursos adquiridos no treinamento	Ecologia saudável de Relacionamentos
Ativação máxima de desempenho	Construção/transformação de ambientes favoráveis
Construção da autonomia	Suporte social adequado

Coaching Esportivo & Saúde

1 - Eliminar julgamentos e ampliar a consciência:
A capacidade de executar movimentos em um grau tão poderoso de concentração, que permita ao atleta se mover de maneira fluida e sem preocupações com relação ao resultado de suas ações, é conhecida como *concentração relaxada*, e é um dos catalisadores mais interessantes da alta performance.

Julgamento e apego emocional a resultados são fortes gatilhos capazes de tirar atletas desse estado ótimo de concentração, porque, quando um atleta julga o resultado de sua ação como bom ou ruim, parte de sua neurologia tenta investigar o processo. Com isso, a concentração se prejudica. Surgem dúvidas, pensamentos e emoções a respeito da performance que criam autoinstruções, autocríticas e atribuições emocionais internas. São interferências que prejudicam rotinas e movimentos já sedimentados e automatizados na mente e no corpo do atleta.

Deve-se ajudar atletas a reduzir ao máximo tal interferência mental, principalmente o julgamento a respeito de uma ação, como uma jogada ou o resultado de uma prova. Bons exercícios para isso são:

- Visualizações mentais de diferentes resultados de ações e competições em situações de relaxamento;
- Rotinas no treinamento, onde são substituídos elogios e críticas à técnica por *feedbacks* na forma de palavras muito bem escolhidas e que simplesmente descrevem os eventos como eles são, sem nenhum julgamento;
- Substituir, quando possível, instruções verbais técnicas por imagens e sensações, ampliando a consciência do atleta e ativando o mecanismo natural de aprendizagem e performance humanos (lembre-se: uma criança aprende a andar sem usar qualquer instrução verbal de seus pais).

2 - Foco mental - estacionar a mente:
Se deixada solta, a mente nos traz imagens, ideias e sensações que muitas vezes não escolhemos ou desejamos. Em situações que exigem desempenho máximo de nossa capacidade, foco mental é uma competência fundamental a ser desenvolvida. Ela permite que toda atenção se direcione para a tarefa em questão.

Um conceito que expressa a excelência no foco mental é o do estado de *fluxo*, descrito por Mihaly Csikszentmihalyi, um dos maiores nomes da psicologia positiva.

O *fluxo* é um estado excelente de operação mental, no qual estamos totalmente imersos no que estamos fazendo. No *fluxo*, o medo de falhar some e todos os *feedbacks* são imediatos, fornecidos pela própria tarefa na qual estamos engajados. É como se consciência e ação se fundissem em direção de um objetivo absolutamente claro. É muitas vezes relatado por atletas como uma "experiência de pico".

Condição necessária para atingir o *fluxo* é que o desafio que se apresenta na tarefa seja proporcional ao máximo de nossas habilidades, o que é comum em competições importantes. A arena do esporte de alto nível é um espaço cheio de oportunidades de *fluxo*. É preciso saber então como inserir a mente nesse estado e permanecer o maior tempo possível nele.

O treinamento deve ser enriquecido com grandes quantidades desse tipo de experiência, para que os atletas aprendam a entrar e permanecer nesse estado durante a competição.

É importante, no entanto, evitar situações onde o atleta se esforce demais para se concentrar, pois esse esforço por si gera distração mental.

Para não interferir de maneira negativa, a mente precisa ser quase irresistivelmente atraída pelo objeto ou situação na qual deve se concentrar e o *coach* precisa utilizar uma linguagem artesanal para desenvolver situações com as quais a mente do atleta se conecte.

Exercícios que estimulam tal competência conectam o corpo com a mente dos atletas, de modo que ela participe ativamente e em tempo real das tarefas que o corpo executa, e ensinam também a estacioná-la em tarefas que a mantenham ocupada durante as ações:

- A mente se atrai por objetos em movimento. Instruções como prestar o máximo de atenção na bola (em esportes que tenham bola) e em todos os seus nuances, como rotação, curva, costuras, barulhos, textura e cores podem ser poderosas disparadoras do estado de *fluxo*.
- Em modalidades com *rallys*, como tênis ou vôlei, os atletas precisam de estímulos para que suas mentes não se distraiam nos intervalos entre *rallys*. Focar em aspectos internos como a respiração e as próprias batidas do coração ajudam a manter a mente ocupada.
- Em modalidades individuais, como natação ou hipismo, os sons e as sensações que a água ou o contato com o cavalo trazem são poderosos elementos de foco. O atleta pode se manter concentrado e em *fluxo* focando no padrão do galope ou no som das bolhas na água.
- Muitos atletas já possuem rotinas personalizadas internas para se manterem focados. Trechos de música, versos, uma oração, etc. Qualquer coisa que faça sentido para eles pode

ser usada. Bons *coaches* respeitam o modelo mental de cada um e os guiam na ativação do que faz sentido para eles, eventualmente sugerindo algum aprimoramento.
- A mente humana adora diversão e desafio. Rotinas divertidas no treinamento, como decorar sequências de nomes, países ou animais, durante a prática de exercícios, são estratégias divertidas e desafiadoras que evitam distrações e assombros da pressão na competição.

3 - Autocontrole de estados energéticos:

Notícia ruim, noite mal dormida, telefonema inconveniente, manifestação negativa na mídia, um pensamento negativo e muitos outros fatores que escapam do nosso controle, fazem parte do universo de todos nós e interferem no nosso estado emocional e energético.

Controlar estados internos e convertê-los favoravelmente é uma grande vantagem competitiva.

Muitas vezes, o que chamamos de pensamento positivo, não é suficiente para garantir que atletas não sejam afetados por estados internos negativos.

Meditação e relaxamento ajudam a converter ou minimizar os estados energéticos ruins, mas possuem um grau de subjetividade que pode ser ineficiente para manter o nível energético interno no patamar ideal.

Todos possuímos um certo grau de diálogo interno, que pode ser controlado intencionalmente. É possível então treinar a mente para que os estados negativos sejam ressignificados através dessa intencionalidade.

Outro grande nome da psicologia positiva, Martin Seligman, sugere a possibilidade de ressignificar eventos e pensamentos pessimistas ou negativos se atribuirmos a eles certas características, que foram chamadas por ele de *otimismo aprendido*, transformando-os de permanentes para temporários, de universais para específicos e de pessoais para externos.

A perspectiva otimista de Seligman se diferencia do pensamento positivo, pois leva em conta a realidade atual e cria possibilidades dela ser redesenhada na mente.

De novo, o *coach* tem de ser um artesão da linguagem. É preciso estar perto do atleta e identificar as alterações em seus estados energéticos para fazer sugestões precisas de ressignificado em seu diálogo interno:

→ De permanente para temporário:
Permanente: "Sempre fico nervoso em finais".
Temporário: "Esta final me deixou nervoso".
→ De universal para específico:

Universal: "Todos os outros se preparam melhor do que eu".
Específico: "Para esse jogo eu poderia ter me preparado melhor".
➜ De pessoal para externo:
Pessoal: "Meus arremessos saem atrasados e são bloqueados".
Externo: "A defesa jogou bem e bloqueou até os melhores arremessos".

4 - Disparo do AGORA:

São rituais estratégicos que mobilizam e ativam todos os recursos que possuímos em momentos decisivos.

Podem ser físicos e corporais ou até mesmo diálogos internos. O importante aqui é consistência e repetição sistemática no treinamento de âncoras criadas para essa ativação máxima.

Âncoras físicas são mais comuns: um punho cerrado, toques em locais específicos do corpo, "gritos de guerra" e, às vezes, até sequências de movimentos antes de um saque ou de uma prova.

É possível desenvolver também rituais internos para atingir a ativação de dentro da mente para fora e alguns atletas utilizam até objetos, que servem como amuletos e que os ajudam a reunir nos momentos de decisão toda a energia que possuem.

A estratégia é criar uma ligação direta dessas âncoras com sensações positivas como superação, concentração e autoconfiança.

Hipnose e visualizações criativas são boas ferramentas para criar tais ligações.

Notemos que cada atleta possui um sistema pessoal de crenças, pensamentos e comportamentos e, para obter os melhores resultados aqui, os *coaches* devem compreender bem o que realmente ativa os recursos de cada um e garantir a repetição consistente desses rituais durante o treinamento.

5 - Blindagem:

É a capacidade de bloquear totalmente estímulos externos irrelevantes nos momentos decisivos.

Além da concentração e do foco mental, citados anteriormente, é necessário que o atleta lide com a exposição a estímulos que não existem em situações normais de treinamento e desenvolva a tenacidade mental para ignorá-los totalmente.

O *coach* simula esses estímulos no treinamento para que a mente do atleta se acostume com situações como barulho e manifestações de torcida e até o assédio da mídia e de fãs. E ainda assim se mantenha totalmente focado somente em seu desempenho e indiferente a esses estímulos.

Exercícios que criam distrações intensas durante o treinamento ou que possuam elementos de surpresa são boas estratégias para desenvolver essa competência.

Cada competição tem características únicas, relacionadas ao local, estrutura física, clima, presença, ausência e proximidade física de torcida, fãs e mídia e outros muitos aspectos. Por isso, uma das chaves para desenvolver a blindagem é oferecer grande variedade de estímulos externos junto com as rotinas de treinamento. O recurso interno de blindagem possui sempre características personalizadas, portanto é fundamental que os exercícios que desenvolvam essa competência acessem todas as vias sensoriais do atleta.

6 - Pensamento estratégico:

Estudar estilo de jogo do adversário e identificar pontos fortes e fracos, conhecer percursos e criar estratégias para provas de corrida ou entender padrões de marcação de times adversários são bons exemplos da construção do pensamento estratégico. Muitos técnicos chamam isso de preparação tática e os *coaches* esportivos têm ajudado atletas a desenvolver essa competência, traduzindo individualmente para suas mentes as instruções de seus técnicos e criando recursos para que eles se mantenham na estratégia durante competições.

A vantagem de utilizar o pensamento estratégico durante uma competição é que um plano estratégico mantém a mente treinada do atleta constantemente atenta e presente, seguindo o planejamento passo a passo.

7 - Construção da ecologia positiva:

A presença e suporte de pessoas significativas na vida do atleta, nas competições e também no treinamento, criam um ambiente favorável e permeado por energias positivas favoráveis à performance.

O *coach* esportivo pode mapear, com boa precisão, as pessoas que efetivamente são patrocinadoras emocionais de sentimentos positivos e encorajadores no atleta, bem como aquelas cujo contato pode interferir de forma negativa, e interagir estrategicamente com família, amigos, cônjuges, companheiros e parceiros do atleta para compor uma rede sólida de apoio pessoal.

É necessário também estar atento para interações do atleta com seus companheiros de equipe e sugerir, por exemplo, as melhores combinações em alojamentos e hotéis e até durante o treinamento, pois o contato próximo de atletas com maiores afinidades entre si é facilitador da performance.

Um bom *coach* esportivo treina o cérebro e a mente dos atletas e não somente seus músculos.

13

Coaching para o voleibol

O voleibol evoluiu muito, tanto com as mudanças nas regras, quanto com os atletas que estão cada vez maiores em estatura, força e explosão, bem como o mais importante que é entender e aprender a jogar o jogo interno dele com ele mesmo. Por isso tão, o *coaching* esportivo é tão importante

Jorginho (Jorge Luiz Teixeira)

Jorginho
(Jorge Luiz Teixeira)

Coach e Palestrante Motivacional. Técnico de voleibol há 15 anos. Profissional de Comunicação há 23 anos. Por seis anos trabalhou com uma multinacional de Los Angeles – EUA na área de vendas e treinamento de equipe, participando de treinamentos internacionais, entre eles com o Guru Jim Rohn. É Membro da Sociedade Brasileira de Coaching, com formação e Certificação Internacional. Coautor do Livro "Manual de *coaching*", pela Editora Ser Mais. Atua com o *coach* para atletas, times esportivos e equipes de empresas.

Contatos
www.jorginhocoach.com.br
(48) 9993-4346 (whatsapp)

Jorginho (Jorge Luiz Teixeira)

Início da minha paixão

Comecei a prática do voleibol com 13 anos, no ano de 1985 quando participei jogos escolares na categoria mirim. Até hoje recordo o momento da chegada no Ginásio de Esportes Vera Cruz, na cidade de Criciúma/SC. Lembro do uniforme, do tênis que usei, que aliás tenho guardado esse tênis até hoje como recordação, e claro lembro muito bem do primeiro jogo, nosso time era do Colégio Estadual Prof. Pe. Schuler de Cocal do Sul, nosso adversário o Colégio Michel de Criciúma, muito mais preparado e talentoso, que não nos deu qualquer chance, ganhando o jogo com facilidade. Mesmo assim aquele dia foi o início de meu grande amor pelo voleibol. Como não pude realizar meu grande sonho de ser jogador profissional, em função da genética familiar, baixa estatura, procurei sempre estar envolvido fora da quadra. Já faz 15 anos que sou técnico de uma equipe amadora adulta masculina de minha cidade. Por essa paixão pelo voleibol, por estar sempre envolvido com trabalho em equipe, fiz então formação na Sociedade Brasileira de Coaching. Hoje profissionalmente trabalho como *coach* esportivo para o voleibol.

Brasil, o país do voleibol

Vivemos no país do voleibol. Até alguns anos pouco se ouvia falar que o voleibol estava em "pé de igualdade" com o futebol. Porém, nos últimos, nenhuma outra seleção conquistou vários títulos internacionais como as seleções do voleibol brasileiro. Bicampeã olímpica no masculino (Barcelona 1992 e Grécia 2004) e no feminino (Pequim 2008 e Londres 2012). O técnico Bernardinho da seleção masculina e Zé Roberto da seleção feminina, e esse é campeão olímpico com as duas seleções, ambos contribuíram e muito, para que o Brasil seja hoje considerado, pela Federação Internacional de Volleyball (FIVB), o país onde se pratica e se administra o melhor voleibol do planeta. Tudo isso é fruto de um trabalho iniciado há mais de três décadas pela Confederação Brasileira de Voleibol.

Coaching para equipes de voleibol

Gostaria de registrar aqui minha primeira equipe/cliente, que iniciei o trabalho de Coaching Esportivo, que foram as meninas do Vôlei Infanto Feminino de Cocal do Sul/SC. Obrigado meninas pela confiança, carinho e dedicação no processo de *coaching*. Parabéns, vocês nasceram para vencer!

Coaching Esportivo & Saúde

O voleibol evoluiu muito, seja em função das mudanças nas regras, e também com os atletas, que estão cada vez maiores em estatura, força e explosão. Algumas pessoas, desinformadas, imaginam que o *coach* esportivo (profissional formado em *coaching*) vem para tomar o lugar do técnico ou para substituir algum membro da equipe multidisciplinar de um time. Na realidade, existe uma disparidade nessas funções. Toda equipe disciplinar irá cuidar da parte técnica, tática e física do jogador, individualmente e da equipe num todo. O *coach* esportivo vai trabalhar a parte mental do atleta/equipe, no que tange ao foco, motivação, definição de metas, mapa/controle mental dentro e fora da quadra.

Uma das coisas mais poderosas que um atleta de voleibol precisa ter se chama confiança. A confiança é um poder fundamental para o jogo interno do atleta e de seu time. Se há confiança, haverá movimento, a realização completa de uma jogada, de um fundamento, seja na defesa ou no ataque. O *coaching* vai fortalecer tudo isso no atleta/equipe e assim alinhar com o caráter, que tem a ver com seu "eu" verdadeiro, e isso ativa a confiança.

Crenças limitantes

As crenças podem ser formadas de dois modos: por meio de uma única experiência, em que a emoção seja muito intensa ou, mais comum, pela soma de experiências onde exista o mesmo significado (identificado por sensação semelhante). O interessante é que, mesmo naquelas situações em que a emoção limitante atual seja muito desconfortável, na maioria das vezes a situação que deu origem a ela é simples, com uma sensação desagradável muito fraca. Como, por exemplo, um determinado jogo, em que um time estava perdendo por 23x24 e era a vez de um atleta sacar, e infelizmente não executou bem o movimento e com isso adversário ganhou a partida. Naquele momento, se não for bem administrada a emoção, esse atleta pode criar uma crença de que ele não pode mais passar por esse momento, ou seja, decidir um set com seu saque.

Qual atleta, em particular no voleibol, que nunca ficou diante de uma situação desafiadora? Quem nunca se pegou com pensamentos negativos diante de uma jogada única? Esses pensamentos são as crenças limitantes, é o jogo interno que o atleta precisa dominar. Com certeza, em algum momento, ele já se pegou pensando em algumas afirmações como: "Eu não sou capaz", "Eu não posso fazer isso". Essas crenças se tornam obstáculos na vida do atleta, e eles só existem porque dão forças a essa existência. Ele pode, perfeitamente, substituir suas crenças limitantes por positivas e fortalecedoras. Quando ele identifica e se torna consciente da maneira como pensa e como isso afeta sua vida e seu jogo interno, ele pode reprogramar suas crenças.

Jorginho (Jorge Luiz Teixeira)

Por meio do *coaching*, o atleta muda seus comportamentos, expande seus pensamentos e atitudes, principalmente percebe e explora ao máximo o seu potencial, seus sonhos e metas com foco. O verdadeiro poder da mudança está nas mãos do atleta, cabe apenas a ele escolher e se permitir.

A pressão desafia o atleta e a equipe

O Dr. Grahan Jones disse em um dos seus livros: "Os campeões de elite não são pessoas mais dotadas, são apenas aquelas que aprenderam a amar a pressão, pois ela os impulsiona a conseguir mais; estão focados internamente e autodirigidos, concentram-se na excelência e se esquecem do resto; não se deixam distrair pelas vitórias ou fracassos dos outros, tampouco pelas tragédias pessoais, porque estão focados nos resultados a longo prazo". Os campeões adoram as pressões. O processo de *coaching* ajuda a equipe e o atleta na administração das pressões.

A pressão desafia o atleta, principalmente no voleibol, pelo dinamismo e busca de respostas rápidas. Atleta e equipe que estiverem bem preparados mentalmente conseguem suportar, por exemplo, um final de set de 22x24, onde seu adversário depende só de um erro seu ou uma só bola bem-sucedida deles para vencer o jogo. É preciso cautela, concentração e um jogo mental muito equilibrado para vencer esses momentos, que no voleibol são muito comuns.

Jogo interno e jogo externo

Muitos são os pensamentos e sentimentos que passam constantemente na mente do atleta durante o jogo. Entender e dominar esses pensamentos é muito importante para o seu melhor desempenho em quadra. O tempo todo o atleta tenta se mover mentalmente para dentro do jogo, buscando desviar desses pensamentos não favoráveis. Esses movimentos são o reflexo do jogo interno, que durante qualquer jogo, todo atleta joga contra ele mesmo, contra seus egos, emoções e sentimentos. Outro jogo é o externo, que é o jogo fora do atleta, onde ele joga contra os obstáculos externos, como, por exemplo, no voleibol, a linha, a rede, árbitro e também as próprias dificuldades impostas pelo adversário. Em ambos os jogos, o tempo todo são geradas dúvidas na cabeça do atleta sobre os acertos e os erros. Trabalhar esse equilíbrio interno o ajuda conseguir resultados positivos diretamente para ele e, consequentemente, para os outros atletas da equipe. Com o processo de *coaching* esse jogo interno muda, se transforma, e o que antes era um problema, o atleta acaba usando isso a seu favor.

Conhecendo pontos fortes e fracos

A questão mais importante para se lembrar em relação a pontos fortes e fracos é que todo atleta possui ambos. Existem áreas em que ele é forte e áreas em que ele pode se tornar extraordinário em seu desempenho. Também existem áreas em que ele é fraco e com as quais provavelmente não deveria perder mais tempo do que o necessário somente para se assegurar de que é bom o suficiente para seguir em frente. Quando aprender a minimizar ou redimensionar a importância de seus pontos fracos e, simultaneamente, a identificar e maximizar seus pontos fortes, o atleta alcançará o sucesso.

Exercício

1. Decida hoje que você, atleta, vai se tornar muito bom no que faz; que se juntará aos 10% top em seu campo de atuação.
2. Identifique suas habilidades mais importantes, ou seja, aquelas imprescindíveis à realização de um excelente jogo.
3. Determine seus pontos fortes e suas habilidades naturais, os fundamentos do voleibol que você faz bem e que lhe parecem mais agradáveis.
4. Qual é a sua vantagem competitiva? O que você faz melhor do que qualquer outro atleta?
5. Que tipo de fundamento mais o/a motiva? Que atividades no treino e no jogo lhe proporcionam o maior sentimento de satisfação?
6. Em que momento você alcança seu mais alto retorno sobre a energia investida? O que você faz que realmente representa um diferencial para você e para sua equipe?

Determinando e estabelecendo valores

Esse é o ponto de partida para desenvolver altos níveis de autoconfiança e também se tornar um atleta melhor e decidir a respeito dos próprios valores. Os atletas superiores são os que refletem o suficiente para decidir com clareza no que acreditam e em que ordem de importância organizaram a própria vida de modo que reflitam esses valores.

Uma vez que se tenha decidido sobre os próprios valores, o trabalho ainda não está terminado. Agora é necessário organizá-los por prioridade. É preciso decidir a escala de importância dos valores — qual deles é mais importante. Este, então, representa o seu valor mais importante, o que prevalece sobre todos os outros. Qual seria o seu segundo valor mais importante? Seu terceiro? O quarto?

Jorginho (Jorge Luiz Teixeira)

E assim por diante. A ordem de prioridade é muito importante na determinação do tipo de atleta que se vive.

Criando o ensaio e o mapa mental

Tenho um grande amigo, jogador profissional de voleibol, com passagens vitoriosas em muitos clubes brasileiros, pela seleção brasileira, já jogou na Liga Polonesa, um dos melhores da Liga Italiana, hoje joga na Arábia Saudita, o nome dele, Bruno Zanuto. Ele é um grande exemplo da execução do mapa mental. Toda vez que ele está se preparando para sacar, olha para cima e faz um ensaio mental da curvatura que a bola vai fazer para executar o saque viagem. Todo atleta deveria, antes de cada jogo, ou na execução de um fundamento (como no caso do Bruno) fazer e/ou treinar o ensaio mental. Ele precisa se ver fazendo o seu melhor desempenho. Precisa recordar e reviver um momento anterior excelente. O que ele "vê" é o que ele recebe. Sempre que acontecer algo que o desequilibre, esse mapa mental vai ajudá-lo a pensar em seus objetivos. Em virtude da Lei de substituição, ele precisa ter apenas um pensamento por vez, e deve pensar sobre seus objetivos, assim sua mente instantaneamente se torna positiva de novo e caminha em direção ao objetivo. Esse ensaio mental busca reforçar os seus pontos fortes, estabelece conexões fortes e muito importantes para o melhor desempenho.

Respondendo bem às decepções

O voleibol é um esporte de constantes altos e baixos. Aqueles que se preparam mentalmente, e com antecedência para enfrentar futuras decepções, para que, quando elas ocorram, eles já disponham de algumas ideias de como reagir e dos possíveis caminhos que podem tomar a partir dali. Eles consideram os retrocessos como ocorrências específicas dentro de determinadas situações, não como indicativos de falta generalizada de capacidade ou falha de caráter. O *coaching* ajuda esses atletas a desenvolverem a parte mental e, assim, obter respostas mais rápidas e fortalecedoras.

O sucesso é um jogo de números

Thomas Edison sabia que o sucesso era — e ainda é — um jogo de números com base não apenas em um esforço inteligente, mas também na Lei das probabilidades. Se tentarmos muitas coisas diferentes e de maneiras suficientemente diversas, e aprendermos com cada teste ou fracasso, então, inevitavelmente, seremos bem-sucedi-

Coaching Esportivo & Saúde

dos. Por isso, ele tem registro de 2.332 patentes. O medo do fracasso, em contrapartida, faz com que as pessoas experimentem cada vez menos, diminuindo assim sua probabilidade de conquistarem algo importante. Henry Ford, embora estivesse falido aos 40 anos, que se tornaria posteriormente um dos homens mais ricos do mundo, afirmou: "O fracasso é apenas uma oportunidade para se recomeçar com mais inteligência". Já a doutora Joyce Brothers escreveu: "A pessoa interessada no sucesso deve aprender a enxergar o fracasso como parte saudável e inevitável do processo de chegada ao topo".

Exercício

1. Identifique uma importante adversidade pela qual você tenha passado em um jogo e da qual tenha se recuperado. O que você aprendeu com ela que o ajudou a se tornar um atleta melhor?
2. Determine a pior coisa que poderia acontecer em um jogo ou em um campeonato. O que você poderia fazer agora para minimizar os efeitos negativos caso isso ocorra?
3. Quais são as três piores coisas que poderiam acontecer em sua vida pessoal e familiar, e o que você poderia fazer para se preparar para enfrentá-las?
4. Quais foram os seus três maiores erros durante um jogo, o que você aprendeu com cada um?
5. Qual seria a resposta mais eficaz que você poderia oferecer ao seu maior problema atual?
6. Em que áreas você deveria estar preparado para assumir riscos e seguir em frente, ao invés de apenas adotar o caminho mais seguro?
7. Que atitude você vai tomar imediatamente para enfrentar seus medos e avançar rumo à realização de um dos seus objetivos mais importantes?

A lei do sucesso

Lei da velocidade: quanto mais rápido o atleta ou equipe andar em direção dos objetivos, mais rapidamente chegará às conquistas. A velocidade com que se persegue os sonhos está diretamente relacionada à definição de metas e o quanto se dedica para realizá-las. Se agir rapidamente em prol dos sonhos, sem dúvida vai alcançá-los. Quando se move com vistas ao sucesso, atrairá mais sucesso. A vitória de hoje é a garantia da vitória de amanhã.

Eu acredito que o atleta se torna campeão no momento de suas escolhas. O resultado final será a soma das escolhas com as práticas realizadas. Escolha ser campeão, sempre em busca da excelência!

14

Treinamento e competição para atletas com outra profissão principal – uma visão do enxadrista

Viver é uma grande competição onde venceremos sempre que tivermos a coragem de levantar a cada tombo e competir de novo

José Augusto Correa

José Augusto Correa

Empresário, palestrante, consultor, professor, auditor, *coach*, escritor, coautor de nove livros na área de gestão e enxadrista com titulação internacional (FIDE Arena International Master). Possui 11 certificações nacionais e internacionais, trabalha com gestão positiva de resultados atuando em 14 áreas atendendo tanto pessoas jurídicas como físicas. Possui mais de 98% de satisfação em seus trabalhos. Iniciou a carreira em 1996. Palestrante premium. Treinou mais de 42 mil pessoas. Conhecido pela maneira simples e eficaz de seus trabalhos, possui índice de satisfação de 98%.

Contatos
www.jacconsultoria.com.br
www.joseaugustocorrea.com.br
http://www.agapedobrasil.com.br/palestrante/167/Jos%C3%A9%20Augusto%20Correa
http://www.amplatitude.com.br/contrate/jose-augusto-correa
Fanpage: https://www.facebook.com/joseaugustocorreapalestrante
(47) 3063-0233

José Augusto Correa

Prezados atletas, é um imenso prazer estar com vocês neste artigo falando um pouco sobre como é, na minha visão, a preparação de um atleta que não desenvolve somente a função de atleta, ou seja, tem uma outra profissão e ainda assim quer manter um bom desempenho como atleta.

Sou enxadrista. Xadrez é um dos esportes mais competitivos que existe. Seu imenso número de possibilidades e descobertas no dia a dia o tornam uma prática esportiva na qual o atleta deve estar constantemente se atualizando e evoluindo. Não existe a "zebra" no xadrez. Sempre quem jogar melhor irá vencer. O cara que comete menos erros e que não comete o último geralmente vence.

Como em um ambiente tão competitivo, com tantas possibilidades, se manter competindo em um bom nível tendo vários outros compromissos oriundos de sua profissão principal?

Minha história no Xadrez se inicia em 1991, aprendendo a mexer as peças em uma pequena cidade de SC, sem muitos recursos para treinamento ou mesmo para jogar. Em 1992, venci as fases municipal, regional e fui vice-campeão estadual escolar. Entre 1992 e 2001 conquistei 28 troféus, 42 medalhas e consegui ser vice-campeão de joguinhos abertos em duas oportunidades com 100% dos pontos, campeão regional em 1996, 3º colocado nos JASC 1996, duas vezes campeão regional e estadual do SESI em 2000 e 2001.

Parei de jogar em 2002 e voltei em 2014. No primeiro torneio fui campeão da minha categoria a um ponto do campeão geral do torneio. Na sequência, fui vice-campeão de outro torneio em SC, empatado com a campeã. Estes resultados são do primeiro semestre de 2014.

Entre 2002 e 2014, minha empresa e minha carreira explodiram. Montamos uma sólida empresa de consultoria em sistemas de gestão, líder no segmento, e obtive sete certificações internacionais. Escrevi nove livros como coautor e sou consultor, auditor e palestrante. Atuo em dez áreas de gestão.

Neste cenário, com tantas atividades profissionais, lancei o desafio de voltar em alto nível no xadrez, conseguindo relativo sucesso neste início de trabalho.

Mas como fazer?

Coaching Esportivo & Saúde

Tenho que me manter em grande forma nas demais atividades da vida. Afinal, ser escritor, consultor, palestrante, auditor e empresário tomam uma boa parte do tempo.

A seguir, compartilho com vocês o meu método de busca do sucesso na vida pessoal, esportiva e profissional.

O método

O primeiro passo para quem quer ter uma vida profissional e pessoal plena e ainda competir em bom nível em um esporte, no caso o xadrez, está em estabelecer seu objetivo principal bem definido (OPBD):

- *O que você quer na vida pessoal?*
- *O que você quer na vida profissional?*
- *O que você quer na vida esportiva?*

Nota: No livro *"Planejamento estratégico para a vida"* mostro passo a passo como trabalhar com estes objetivos e o método para atingi-los. Peça o seu no meu site, da editora ou nas melhores livrarias. Vamos focar, neste livro, somente no objetivo esportivo.

Definindo o que você quer na vida esportiva (Qual sua titulação? Qual conquista? Qual nível competitivo?) você tem um norte para atacar e as habilidades a serem desenvolvidas.

Digamos que você, como eu, quer ser um mestre internacional de xadrez daqui a dez anos (estabelecer o tempo é fundamental). Seu objetivo está estabelecido, é mensurável e tem uma linha de tempo para atingir. Pergunto: o que é necessário para ser reconhecido como um mestre internacional de xadrez?

Pelo regulamento FIDE (Federação Internacional de Xadrez), para ser um MI o enxadrista necessita de pontuação igual ou superior a 2.400 pontos de *rating* e três "Normas" de mestre internacional em torneios FIDE.

Sei o que é necessário. O que fazer agora?

O primeiro passo, após estabelecer o objetivo, prazo e o que é ser este atleta, é fazer uma autoavaliação sua hoje. Avalie:

- Qual a minha situação atual em relação ao objetivo?
- Quais são os elementos e habilidades para que eu possa atingir este objetivo?
- Quais os diferenciais estratégicos e táticos que este esporte requer?
- Onde eu estou fraco e preciso melhorar?
- Como melhorar?
- Quanto tempo posso dedicar a isto?

Aqui é hora de se lembrar que somente os fortes conseguem atingir seus resultados. Você terá que perseverar muito e deixar de lado algumas outras coisas para atingir seu objetivo.

No meu caso, a maioria dos torneios de xadrez é nos finais de semana (terminando no domingo). Ou seja, preciso negociar a situação com minha esposa e sacrificar outras atividades para que possa jogá-los. Porém, se não jogar não pontuo, se não pontuar nunca serei um MI.

Tendo esta sua avaliação, é de vital importância buscar outro atleta ou técnico que possa ajudá-lo a atingir seu objetivo, alguém que é campeão, que sabe como é estar lá e o que fez para estar lá. Também alguém disposto a compartilhar isso.

Ter este treinador é fundamental. Assim se economiza tempo e recursos. No caso exposto neste artigo, você já é uma pessoa com pouco tempo, então encurtar distâncias é fundamental. Sempre que possível busque o método que mais o aproxima. No meu caso, sou treinado por um MI que também é treinador. Isso faz com que minha evolução cresça quase 100% desenvolvendo minhas habilidades, o que me torna rapidamente competitivo.

Outra coisa fundamental é estabelecer um plano de crescimento adequado ao seu tempo disponível:

- Quais passos separam você de seu objetivo?
- Quais as ações necessárias?
- Quanto tempo diário dedicará a este treinamento?

Uma dica para este plano é, com base em sua autoavaliação, traçar todas as ações que você deve executar colocando: o que, quem, até quando e o status de cada ação (pendente ou concluída). Coloque as atividades mais fáceis no início. Caso tenha alguma atividade que é complexa, busque subdividir em pequenas atividades. Este plano será seu guia e se for bom e você executá-lo com plenitude, fatalmente atingirá seu objetivo.

Acompanhe a execução de seu plano. No máximo mensalmente, avalie outra vez o plano para, se necessário, atualizá-lo.

Execute todas as ações. Dinamize recursos. Vá a fundo em seu treinamento.

No meu caso tenho uma biblioteca digital e física de livros. Pesquiso na internet todos os materiais necessários para determinado tema que tenho que estudar (finais, por exemplo) e ainda tenho aulas com meu técnico. Dedico em média duas horas diárias para treinamento. Se tenho que falhar um dia por algum compromisso, compenso no dia seguinte.

Dinamismo

É de fundamental importância dinamizar o treinamento. Ele tem que ser atrativo para você.

Se você é visual ou auditivo, tenha vídeos de treinamento ou pratique o esporte, mas nunca deixe de ler sobre o mesmo.

Preparação psicológica para a competição

Você terá que intercalar seus treinos com competições. Não adianta só treinar e nunca colocar em prática aquilo que treinou. Como se preparar psicologicamente para a competição?

O primeiro passo é entrar com um objetivo na competição (objetivo este que o levará ao seu OPBD). Você pode ser campeão (ótimo!), mas também pode ter uma consciência de sua posição em relação aos demais atletas e dizer que quer estar entre os 10 ou 15 melhores.

Pense sempre que ser campeão é o objetivo, mas também é estar entre os melhores. Defina o que é "aceitável":

- Se você conseguir, excelente, você deverá então progredir no próximo evento para ir ainda além.

- Se você não conseguir, autoavaliação novamente. O que faltou? Como conseguir?

Fundamental, para os que se adequam a este artigo (tem outra profissão principal), é entender que você é um esportista, um atleta que tem outra profissão em que precisa ser muito bom. Não necessariamente perder um campeonato ou não ir como desejado deve derrubar você. Você não vive do esporte, apenas o pratica como aficionado. Assim, sempre deve ter o "tombo" como um aprendizado e não como um limitador à sua atividade esportiva.

Quando entro para competir, primeiro penso no prazer de poder estar ali (já tive três AVCs sem sequelas, mas já estive no "fio da navalha"), poder fazer amigos.

Depois tenho que ter a certeza de que treinei o necessário. Cumpri meu programa de treinamentos e sei como me portar.

Após faço a preparação mental para tirar qualquer tipo de limitação de minha cabeça (afirmo para mim mesmo que vou ganhar). Meditação e hipnose me ajudam muito, escutar uma música motivadora também.

Sento no tabuleiro e jogo o meu melhor. Se perder, aprendo e volto mais forte. Se ganhar, comemoro.

Segunda-feira volto à minha vida normal com a empresa, as palestras, os treinamentos, a esposa e o treino de duas horas. Com ou sem troféu, minha vida continua e se aproxima dos meus objetivos.

Quando você perder, e para ser um campeão vai ter que perder muito ainda, saiba que isto não é um não consegui, mas sim um ainda não consegui, mas vou conseguir!

Resumo

Resumindo nosso método para pessoas com a profissão normal, que não é o esporte, se manterem competitivas no esporte:

- Defina seus objetivos;
- Faça uma autoavaliação em relação aos seus objetivos;
- Trabalhe os pontos que separam você de seu objetivo com base em um plano de ação (o que, quem, até quando, status);

Coaching Esportivo & Saúde

- Contrate um treinador com experiência;
- Pratique as ações não só treinando, mas também competindo;
- Tenha a preparação mental para o sucesso ou derrota, sabendo que fez o seu melhor sempre;
- Tenha consciência que depois de uma competição, a vida normal volta e os treinos continuam fazendo parte dela.

Tenho a certeza de que você atingirá seus objetivos. Você merece o sucesso!
Não hesite em me procurar.
Abraço, campeão!

15

As emoções e a importância do equilíbrio físico e mental
Uma abordagem do coaching na saúde

O equilíbrio físico e mental é essencial para podermos enfrentar os desafios da vida. Podemos desenvolver habilidades e ampliarmos nossa percepção da realidade, adquirindo novos conhecimentos e nos abrindo para novas estratégias. A união da mente emocional e racional nos permitirá viver mais e melhor

Keith Bacellar

Keith Bacellar

Master Coach Trainer, Practitioner em PNL Sistêmica, Hipnoterapeuta, Diretora-Presidente da LLibertat Coaching, empresa focada em desenvolvimento humano e formação para equilíbrio físico e mental. Graduada em Medicina com Pós-Graduação em Cirurgia do Aparelho Digestivo e Medicina do Trabalho, com MBA em Gestão Empresarial. Consultora, Palestrante, Analista Comportamental, certificada *Coaching*, Hipnose Ericksoniana, Focusing Oriented Therapy e treinada em renomadas instituições nacionais e internacionais: PAHC - Sociedade Brasileira de Programação em Autoconhecimento e Comunicação, ECA - European Coaching Association (Alemanha/Suíça), GCC - Global Coaching Community (Alemanha), ICI - International IAC - International Association of Coaching, BCI - Behavioral Coaching Institute, IBC Coaching, Metaforum Internacional, ACT Institute - Accredited Certified Training. Experiência de mais de 28 anos no mercado corporativo da saúde, desenvolvida em conceituadas empresas da rede pública e privada com ampla experiência em Gestão Integrada da Saúde, Gestão de Riscos na Saúde Ocupacional e Assistencial, Consultoria Médica, Auditoria e Regulação Médica, Planejamento Organizacional, Gerenciamento de Custos Médicos, Programas Preventivos, Qualidade de Vida e Bem-Estar.

Contatos
www.llibertat.com.br
keith@llibertat.com.br
contato@llibertat.com.br

Keith Bacellar

1 - O conceito: existência de uma mente racional e emocional

Ao longo da minha carreira profissional tive a oportunidade de me tornar uma observadora do corpo físico e do comportamento humano, pude ver como a mente além dos hábitos e estilo de vida adotados pode interferir no estado de saúde de cada um de nós.

Na área da saúde, o termo **risco** refere-se à **probabilidade** de que indivíduos saudáveis, mas expostos a determinados fatores, possam adquirir certa doença. Vários destes fatores podem estar envolvidos na gênese de uma mesma doença e podem ser encontrados no meio em que vivemos, serem herdados ou representarem hábitos e costumes de um determinado ambiente social e cultural.

Fatores de risco comuns estão na base das principais doenças crônicas em todas idades, em ambos os sexos, em todas partes do mundo e incluem: sobrepeso e obesidade, sedentarismo, tabagismo e alcoolismo. Estes fatores **são modificáveis**, ou seja, podemos evitá-los e implementar outros que conferem ao organismo a capacidade de se proteger contra a aquisição de uma doença denominados como **fatores de proteção**, relacionados principalmente com a **promoção e proteção da saúde**, constituindo uma excelente estratégia para melhoria na qualidade de vida e redução dos riscos à saúde. A boa notícia é que **podemos adotá-los e mantê-los como hábitos em nossa vida.** Os fatores de proteção incluem: uma alimentação saudável ou rica em fibras, frutas, cereais, pouca quantidade de sódio, baixo consumo de gorduras totais e saturadas e alimentos ricos em ômega 3. Nutrientes, que em quantidades adequadas, ajudam a prevenir várias doenças. Beber **água**, preferencialmente fora das refeições, é fundamental para manter o organismo hidratado.

Outro fator importante é a **atividade física** que, além de prevenir doenças, melhora a capacidade cardiovascular e respiratória, reduz a massa gorda e aumenta a magra, aumenta a capacidade intelectual, melhora o sistema imunológico, diminui a depressão e a ansiedade e alivia o estresse.

A evolução e o emprego da tecnologia na área da saúde, novos exames e recursos diagnósticos e tratamento precoces, a engenharia genética, a área da nutrição e o aprimoramento da utilização de medicamentos são exemplos de recursos que temos disponíveis na atualidade para ampliarmos nosso conhecimento de como podemos viver mais e melhor. O aumento da expectativa de vida e longevidade é uma das maiores conquistas da humanidade. Estudos comprovam que, mantendo-se um estilo de vida ativo e saudável, pode-se retardar as alterações morfofuncionais que ocorrem com a idade, além de melhorar a qualidade e expectativa de vida nesta faixa da população.

A **neurociência** divide o cérebro humano de acordo com suas funções, fisiologia e desenvolvimento evolutivo em três regiões básicas integradas e que funcionam em conjunto pelas inúmeras interligações neurais existentes entre elas: **cérebro reptiliano, sistema límbico e neocórtex**. O "cérebro reptiliano", considerado a região mais primitiva, é responsável pelas funções de sobrevivência: comer, respirar, batimento cardíaco e pelas versões primitivas das emoções de medo e agressividade que motivam instintos de lutar ou agir. A segunda região, o sistema límbico, é responsável pela percepção social inconsciente e aumenta as emoções reflexas reptilianas, sendo importante na gênese dos comportamentos sociais. O neocórtex é a camada mais externa e evoluída, responsável pela racionalidade, linguagem conceitual, verbal e simbólica.

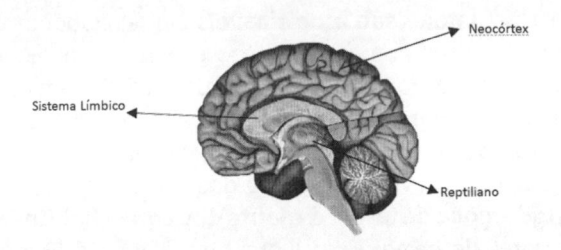

Nosso **corpo é o passaporte** para o mundo que vivemos e por meio dele que podemos **experienciar todas as emoções**. Segundo o médico psiquiatra e psicanalista Eric Berne, precursor do método analítico denominado Análise Transacional, os estados de raiva, medo, tristeza, alegria e afeto são conhecidos como as cinco emoções autênticas do ser humano. Estas emoções, se gerenciadas de forma inteligente, podem trazer o equilíbrio físico e mental tão almejado nos dias de hoje. Da mesma forma, as aptidões chamadas de inteligência emocional, que incluem autocontrole, zelo e persistência e a capacidade de automotivação, são fundamentais para nosso êxito na vida.

Segundo Daniel Goleman, **as emoções frequentemente superam o pensamento**, originando o conceito de **mente racional**, que pensa e reflete, e **emocional**, que sente, é impulsiva, poderosa e, às vezes, ilógica. Razão e emoção são operações mentais acompanhadas de uma experiência interior característica, capazes de orientar o comportamento e realizar os ajustes fisiológicos necessários. O comportamento humano deriva de um fluxo de percepções, sentimentos e pensamentos, tanto no plano consciente quanto no inconsciente, e as experiências que vivemos podem moldar nosso comportamento, pois o cérebro não só grava como "cria" a experiência. Somente quando nos tornamos conscientes dos sentimentos temos base para controlarmos as emoções.

2 - A estratégia: como agir para atingir seus objetivos

Nos **níveis neurológicos** desenvolvidos por Robert Dilts com base no trabalho de Gregory Bateson, o primeiro fator a ser considerado em um processo de mudança é o **ambiente** ou o lugar, o momento e as pessoas envolvidas, que impactam diretamente na forma pela qual nos expressamos externamente para o mundo, constituindo o **comportamento** baseado em ações e reações da interpretação da realidade que temos. Passamos a nos julgar **capazes ou não, hábeis ou competentes**. Nossas **crenças e valores** do que entendemos como certo e errado fazem com que adotemos proibições ou permissões do que vivenciamos, definindo nossa **identidade**. E nossa **espiritualidade** nos conecta a um sistema maior de visão e propósitos de vida. Desta forma, entendemos que o autoconhecimento é fundamental para que possamos compreender como agimos e reagimos.

Podemos **modelar nosso comportamento** em direção a uma **meta**, seja ela relacionada à mudança de hábitos alimentares ou à implementação de atividade física, quando passamos a ter **foco** no que queremos. A mudança legítima exige esforço e compreensão dos anseios que impelem os comportamentos, a fim de estabelecer o *loop* **do hábito**.

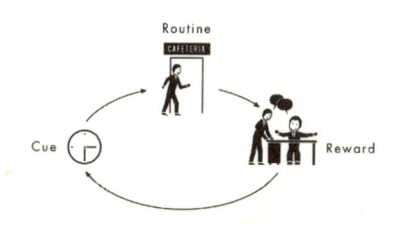

Este processo dentro de nossos cérebros é estabelecido em três estágios: inicialmente há uma **deixa (Cue)**, um estímulo que manda seu cérebro entrar em modo automático e indica qual hábito ele deve usar. Depois há a **rotina (Routine)**, que pode ser física, mental ou emocional. E, finalmente, há a **recompensa (Reward)**, que ajuda seu cérebro a saber se vale a pena memorizar este *loop* específico. A deixa e a recompensa vão se entrelaçando até que surja um senso de antecipação e desejo.

3. O movimento: sugestão de ferramentas

O modelo **GROW**, criado originalmente por Graham Alexander, e apresentado em *Coaching for Performance*, é uma sigla que significa **Meta, Realidade, Opções e O que fazer**, do inglês **G**oal, **R**eality, **O**ptions e **W**hat.

Uma meta é um sonho, aquilo que almejamos. Existem dois tipos: meta final, que é o objetivo final, e a meta processual, que é o desempenho necessário para atingir a meta final. O estabelecimento de metas pode ser feito de muitas formas, sendo uma delas a sigla **SMART** do inglês *Specific, Measurable, Agreed, Realistic* e *Timed* ou Específica, Mensurável, Consensual, Realista e com Prazo Determinado.

O movimento da ação parte da situação atual para que se possa saber por onde começar a mudança. Quanto melhor conhecermos a realidade, em termos descritivos e específicos, melhor será o processo. Se a meta for melhorar o rendimento esportivo ou iniciar uma atividade ou emagrecer, torna-se necessário responder as seguintes perguntas:

- *Quais objetivos quero alcançar? Qual peso quero perder e em quanto tempo?* – O estabelecimento destes objetivos poderá orientar o planejamento e a identificação de indicadores de resultados, tais como perder três quilos em um mês ou 100 gramas por dia.
- *Que atividades devo desenvolver para alcançar os objetivos?* – Se o alvo for uma atividade física, as ações podem ser orientadas para consultas com profissionais como endocrinologista, cardiologista e nutricionista.
- *Onde acontecerá o treinamento?* – A prática em academias pode ser interessante para exercícios aeróbicos e de fortalecimento muscular para algumas pessoas, enquanto outras se sentem mais à vontade em ambientes abertos, em parques ou nas ruas.
- *Quando acontecerão os treinos?* – Avaliar quais os dias e disponibilidade para termos corpo, mente e emoções conectados com a prática desportiva. Os pensamentos são elemen-

tos-chave para transmitir as emoções que passam a refletir no corpo, desencadeando novos pensamentos pelas sensações corporais. O alto desempenho advém do resultado das ações para otimizar a melhoria contínua e estabelecer mais habilidades e competências.

- *Quem irá aplicar o treinamento?* – Uma das opções atuais é o uso de um treinador especializado naquele esporte ou um *personal trainer* para orientar os melhores exercícios e a prática adequada dos movimentos.
- *Quem irá avaliar o resultado?* Quem julgará que a meta foi alcançada no tempo estabelecido? – É importante que seja avaliado o resultado obtido por um profissional especializado. A perda de peso implica em comprometimento, disciplina e identificar os indícios de fome física ou emocional.
- *Como será montada a programação dos treinos?* – Os treinos podem ser realizados em um ou mais ambientes combinados. Por exemplo, as atividades podem envolver corridas, uso de bicicletas e musculação.

Outra ferramenta é a **ressignificação em seis passos**, que aborda um padrão de comportamento que aparentemente parece estar fora do *controle consciente*, ou seja, quando desejamos parar de fazer ou mudar algo ou alguma coisa, ou quando nos sentimos impedidos e demonstramos sinais de que o comportamento é sustentado a nível inconsciente e precisa ser modificado em ambos níveis (consciente e consciente e inconsciente) para ser efetivo. Desta forma, hábitos, bloqueios para iniciar uma atividade, sintomas físicos exacerbados, bloqueios psicológicos como sentimento de falha ou impossibilidade podem ser ressignificados *encontrando-se a intenção positiva*, e outras maneiras de satisfazer a intenção que seja mais congruente com os objetivos conscientes. Em alguns casos, a dificuldade para a mudança pode estar interligada ao sentido estabelecido ou a representatividade do objeto para o indivíduo, exemplo, comida como compensação afetiva, padrões familiares ou de cultura, alimento como demonstração de afeto, obesidade como fuga da beleza, cigarro como sinal de sucesso entre outros, estabelecendo-se para muitos um padrão de comportamento. A técnica adotada é realizada em seis passos, porém, neste caso *focando-se no problema como fonte para a solução:*

1. Identifique o problema;
2. Estabeleça comunicação com a parte que é responsável pelo comportamento;

3. Estabeleça a intenção positiva da parte e separe-a do comportamento indesejado;
4. Peça a sua parte criativa que gere novos meios de satisfazer a intenção positiva;
5. Obtenha a concordância da parte original de que usará uma ou mais dessas escolhas em vez do comportamento original;
6. Verifique a ecologia.

4. O resultado: como manter a saúde

A união do corpo e mente fazem parte da medicina humanista, na qual os cuidados são direcionados para o tratamento clínico e emocional dos pacientes. As emoções afetam sobremaneira o corpo físico, sendo o sistema imunológico considerado como o "cérebro" do corpo. A influência dos hormônios liberados pelo estresse (epinefrina, norepinefrina, cortisol, prolactina e os opiatos naturais betaendorfina e encefalina) corrobora a necessidade de evitarmos emoções tóxicas como a depressão e ansiedade que aumentam a pressão sanguínea, levam ao desequilíbrio hormonal e são responsáveis por afetar a saúde como um todo. De fato, todas emoções são importantes em um determinado momento e lugar e cada tipo de emoção nos predispõe para uma ação imediata e nos direciona para uma direção, portanto é necessário estarmos atentos aos sinais e sintomas do corpo físico. Só assim poderemos unir e utilizar as duas mentes racional e emocional para o equilíbrio da saúde integrada. O *coaching* pode contribuir com ferramentas para a ação e melhoria contínua, extraindo de cada um o seu melhor.

Experimente, pois apenas você pode mudar a sua vida!

Referências
Manual técnico de promoção da saúde e prevenção de riscos e doenças na saúde suplementar- Agência Nacional de Saúde Suplementar.
Envelhecimento no Século XXI: Celebração e Desafio. Publicado pelo Fundo de População das Nações Unidas (UNFPA), Nova York e pela HelpAge International, Londres, 2012.
DUHIGG, Charles. O poder do hábito.
GOLEMAN, Daniel. Inteligência emocional. A teoria revolucionária que redefine o que é ser inteligente. Editora Objetiva.
KALACHE, Alexandre; VERAS, Renato P. e RAMOS, Luiz Roberto. O Envelhecimento da População Mundial: Um Desafio novo Rev. Saúde Pública [online]. 1987, vol.21, n.3 [citado 2014/10/26], pp. 200-210.
MLODINOV, Leonard. Subliminar. Editora Zahar.
NOBREGA, Antonio Cláudio Lucas da et. al. Posicionamento oficial da Sociedade Brasileira de Medicina do Esporte e da Sociedade Brasileira de Geriatria e Gerontologia: atividade física e saúde no idoso. Rev Bras Med Esporte, Niterói, v. 5, n. 6, Dec. 1999.

16

A autoconfiança no desempenho esportivo

Quando conseguimos equilibrar mente e corpo, deixando de lado os autojulgamentos, a confiança se desenvolve e aparece o principal responsável pela excelência no desempenho esportivo, a autoconfiança

Ligia Galvani

Ligia Galvani

Coach, fonoaudióloga e consultora empresarial. Atuação em Coaching Esportivo, Comunicação e com Adolescentes. Atuação em Neuromarketing, neurotreinamentos e neuroconsultoria. Treinamentos em Coaching, comunicação e voz. Licenciada Ibra Neurobusiness. Membro da Neurobusiness.org e da Neurobusiness Association. Formação e Certificação Internacional em Profissional & Self Coaching e Analista Comportamental em Coaching Assesment pelo Instituto Brasileiro de Coaching. Diretora na ComVoz – Coaching, Comunicação e Voz Profissional.

Contatos
www.comvozrs.com.br
comvoz@comvozrs.com.br
ligiagalvani@terra.com.br
Facebook.com/comvozrs
Twitter: @ligiagalvani

Ligia Galvani

Ausência de confiança em si mesmo, falta de concentração, nervosismo e autocondenação são obstáculos que muitas vezes estão presentes na mente de um atleta, inibindo a excelência do seu desempenho.

É comum encontrarmos pensamentos do tipo "eu sei o que fazer, só que algumas vezes não consigo fazer o que sei", "hoje não estou num bom dia, não estou conseguindo acertar". Isso nos faz pensar porque alguns atletas têm um bom desempenho num dia e em outro nem tanto. Por que é tão difícil se livrar de um mau hábito e aprender um novo? Será que não estão se julgando demais? Ou avaliando-se em demasia? Existe uma voz interior que muitas vezes atrapalha, querendo controlar tudo, impedindo o alcance do melhor desempenho.

É importante que o atleta aprenda a valorizar a arte da concentração relaxada, ou seja, sem esforço, pois é a partir dela que ele forma uma base sólida para a autoconfiança e descobre ainda que o desempenho espontâneo só ocorre quando a mente está calma, sem julgamentos e parece formar um todo com o corpo, encontrando caminhos surpreendentes para superar seus próprios limites.

Às vezes escutamos comentários do tipo "ele está fora de si", "baixou o santo nele", "ele está fora de seu estado normal" sobre atletas com alto desempenho. Mas por que será que usamos estas descrições ao vermos um atleta neste nível, em sua melhor forma, ou, ainda, como esse atleta consegue chegar a este nível? O elemento comum que observamos nestas descrições é a chamada "ausência de espírito". Parece realmente que a mente deste atleta foi deixada parcialmente inoperante e ele está simplesmente "deixando acontecer". Mas como Timothy Gallwey bem afirma: "É claro que jogar inconscientemente não significa jogar sem consciência". O atleta, quando está em uma situação "fora de si", está consciente do que está fazendo, mas não tem consciência de estar passando muitas informações a si mesmo no momento de sua atuação. "Ele está consciente, mas não está pensando nem tentando demais". O atleta parece estar imerso num fluxo de ação no qual requer energia, resultando em maior precisão de seus movimentos. Mas, a partir do momento que o atleta passa a pensar em seu desempenho, em seu fluxo de ação, e procura mantê-lo tentando exercer o controle, ele acaba perdendo-o.

Mente concentrada

Quando um atleta está com sua mente concentrada, focada, é como se ela estivesse inoperante, pois suas funções inconscientes ou automáticas passam a funcionar sem a interferência de seus pensamentos. A mente que está concentrada não tem tempo de pensar como o corpo está trabalhando, como está agindo, e assim o atleta forma um todo, corpo e mente, e neste ponto ele descobre o seu real potencial.

Durante os treinamentos é comum o atleta ter conversas interiores, como "não aguento mais", "só duas ondulações", "não desista, ainda não acabou, posso dar mais ainda, não está bom, no futuro verei resultado", "está muito forte, não vou conseguir". Essas conversas são as famosas "**Eu** conversando **comigo mesmo**". Podemos perceber que essas conversas acontecem como se fossem duas pessoas conversando, o **eu** com o **comigo mesmo**. De fato, pode-se dizer que dentro de cada atleta há dois **EUs**. Um parece dar as ordens, os comandos, e o outro as executa. Logo em seguida, num próximo passo, o primeiro **eu** passa a fazer uma avaliação das ações executadas pelo segundo. Chamamos o primeiro **eu** de EGO 1 e o segundo de EGO 2. E é a qualidade do relacionamento entre o EGO 1 e o EGO 2 que irá determinar a habilidade do atleta em traduzir o conhecimento técnico em ação efetiva. Pode-se dizer, ainda, que o segredo para a excelência no desempenho do atleta está num melhor relacionamento entre o EGO 1, que é o instrutor consciente, e o EGO 2, que é o realizador inconsciente, automático.

EGO 1 x EGO 2

O EGO 1 precisa confiar no EGO 2 para que este possa executar suas ações sem interferências, conseguindo assim realizá-las com maior êxito.

Ligia Galvani

Quando o atleta tem conversas interiores frequentes do tipo "vamos lá, levanta mais esse braço", "olha a ondulação", "bata mais a perna", "arruma a postura", mostra que o EGO 1 está lembrando constantemente o que o EGO 2 deve fazer. Isso torna o diálogo interior monótono e passa a impressão de que o EGO 1 não confia no trabalho do EGO 2, fazendo com que o EGO 2 acredite ter uma memória curta ou não seja muito perspicaz. Na verdade, o EGO 2 nunca esquece o que aprende e tem perspicácia de sobra. A prova disso é quando aprendemos a caminhar, a andar de bicicleta ou a dirigir um carro. O EGO 1 não fica lembrando constantemente o EGO 2 do que e como ele deve fazer para executar tais tarefas. A partir do momento que o EGO 2 aprende uma tarefa, ela passa a ser executada de forma automática, inconsciente.

O atleta, quando está se autojulgando, dizendo a si mesmo, por exemplo, "seu estúpido, você não aprende mesmo, não consegue fazer a braçada direito", na verdade é o EGO 1 que está se queixando. Então o atleta passa a se esforçar com o intuito de conseguir realizar o que está sendo pedido, muitas vezes gerando tensão muscular em partes do corpo que não tem relação com a ação solicitada. Por pensar e tentar em demasia, o EGO 1 gerou tensão e conflito muscular no corpo. Na verdade é o EGO 1 que é responsável pelo erro, mas joga a culpa para o EGO 2, fazendo com que a confiança que o EGO 2 tem de si próprio seja abalada. Como resultado, o desempenho do atleta piora e a frustração cresce.

Podemos perceber, então, que a constante atividade de pensar do EGO 1 interfere no processo natural de ação/fazer do EGO 2, gerando um desentendimento entre os dois egos. A harmonia no relacionamento entre os dois egos só é alcançada quando a mente está calma, concentrada sem esforço. É neste momento que o melhor desempenho é alcançado. Para que o corpo e mente seja um todo e mantenha harmonia entre os EGOS 1 e 2, é necessário diminuir o ritmo da mente. Acalmar a mente significa pensar menos, julgar, preocupar-se, esperar, tentar, arrepender-se, controlar, agitar-se ou distrair-se também menos. A mente se aquieta quando se está totalmente no aqui e no agora, em uma perfeita união com a ação e o executor.

Estabelecendo a autoconfiança

Para o atleta alcançar a habilidade da concentração sem esforço e consequente autoconfiança, é necessário que desenvolva algumas aptidões internas, aprendendo a arte de controlar a mente e o corpo:

1) Aprender a programar o EGO 2 com imagens, mais do que instruí-lo com palavras.

As ações do EGO 2 são baseadas em informações de suas próprias ações ou de ações observadas em outros ou em si próprio e armazenadas em sua memória. Todo o tempo o EGO 2 está aprendendo. À medida que o atleta pratica sua atividade, o EGO 2 vai juntando as informações e as envia para seu banco de memória para que sejam usadas futuramente. O EGO 2 é capaz de lembrar de cada ação e de seus resultados, mas depende muito do grau de atenção e alerta do atleta.

Nesta aprendizagem é muito importante o processo de visualização, de mentalização, pois antes que uma ação aconteça no mundo exterior, ela deve acontecer no mundo interior. É muito espantoso o que acontece quando o atleta tem uma clara representação interior do desempenho que deseja. Esse ato programa a mente e o corpo para alcançar o objetivo desejado, fazendo com que o atleta ultrapasse seus próprios limites. E este processo deve ser realizado até atingir a perfeição máxima. Treinar esse tipo de concentração ajuda também aumentar a velocidade de processamento da mente, fazendo com que o atleta adquira reações automáticas e espontâneas.

2) Aprender a confiar em si, ou seja, no EGO 2, e fazer o que você, o EGO 1, lhe pede. Isso significa deixar o EGO 2 executar a ação sem interferências.

A falta de confiança do EGO 2 gera dois tipos de interferências: uma que se origina no esforçar-se em demasia, levando a uma sobrecarga muscular e a outra que provém de um excesso de autoinstrução e comando, o que leva a uma distração mental e falta de concentração. O segredo para conseguir esta confiança é deixar acontecer, confiar no potencial do corpo, na competência do corpo e do cérebro na ação, deixando o corpo mover-se. O EGO 1 não participa dessa ação.

Deixar acontecer não é fazer acontecer. Não é esforçar-se nem controlar demais. Essas são ações do EGO 1 que toma as rédeas por não confiar no EGO 2. Isso é que gera sobrecarga e tensão muscular, tendo muitas vezes, como resultado, movimentos incorretos e muita frustração. O atleta precisa abandonar o controle do EGO 1 e deixar o corpo, o EGO 2, agir espontaneamente.

3) Aprender a ver sem julgamento, isto é, ver o que realmente está acontecendo, sem julgar quão bem ou mal está acontecendo.

A principal habilidade que deve ser aprendida para desenvolver a autoconfiança é deixar de lado o hábito de fazer julgamento tanto de si mesmo quanto de seu próprio desempenho, classificando-o como bom ou ruim. Quando o atleta desaprende a julgar é possível conseguir um desempenho espontâneo e concentrado. Abandonar os julgamentos não significa ignorar os erros, e sim ver os acontecimentos como são, sem acrescentar nada a eles.

Os julgamentos se referem ao ato de atribuir tanto um valor negativo quanto positivo ao desempenho ou a um acontecimento. Os rótulos do julgamento geralmente conduzem a reações emocionais, à tensão, ao esforço demasiado e à autocondenação. É o ato inicial do julgamento que provoca um processo de pensamento. Primeiro a mente do atleta avalia seu desempenho como bom ou ruim. Se o julgamento for ruim, ele começa a pensar sobre o que estava errado e em seguida como corrigi-lo. Depois tenta arduamente fazer bem feito, dando a si mesmo instruções de como agir. E de novo vem outra avaliação. A essa altura a mente está inquieta e o corpo tenso com as tentativas. Se o desempenho for avaliado como bom, o EGO 1 começa a tentar descobrir como ele conseguiu esse bom desempenho. Em seguida, ele procura fazer o corpo repetir o mesmo desempenho dando-lhe instruções e esforçando-se mais. Ambos os processos mentais terminam em uma posterior avaliação, fazendo com que o processo de pensamento e do desempenho autoconsciente não pare, levando a reações emocionais e tensões musculares.

Após várias avaliações, o EGO 1 pode começar a generalizar. Antes um pensamento que era "tenho que melhorar, mas tenho dificuldades em me concentrar" pode tornar-se "não consigo nunca me concentrar" ou ainda "minha técnica não está correta" e ele começa a pensar "não tenho uma boa técnica". É interessante como a mente julgadora amplia os julgamentos. E estes autojulgamentos tornam-se profecias que se autorrealizam. Ou seja, é o que o EGO 1 está comunicando para o EGO 2. E este passa a acreditar após inúmeras repetições. Se o atleta fizer um autojulgamento negativo em um número suficiente de vezes, o EGO 2 assume esse papel e o acaba desempenhando, deixando de lado as suas reais capacidades, o seu verdadeiro potencial. É como diz a sabedoria da antiga filosofia yoga: "Você se torna aquilo que pensa".

E como diz D. T. Suzuki, em sua obra Zen e a Arte de Atirar com o Arco: *"Assim que refletimos, deliberamos e conceituamos, a inconsciência original é perdida e um pensamento interfere... O homem é um ser pensante, mas as suas grandes obras são realizadas quando ele não está calculando nem pensando. O 'ser criança' deve ser restaurado por meio de longos anos de treino no esquecimento de si mesmo"*.

Os melhores desempenhos nos esporte vêm quando a mente está calma e o atleta simplesmente parece **saber** o que fazer sem ter de pensar nisso. Neste ponto a autoconfiança foi alcançada. Pensem nisso!

17

Atitudes ligadas à longevidade e ao bem-estar

As mais simples ações para você viver agora e desfrutar sua longevidade com mais saúde, qualidade de vida e felicidade

Lydiane Rodrigues

Lydiane Rodrigues

Nutricionista funcional, *Coach* Emagrecimento e Saúde, palestrante, blogueira e pesquisadora apaixonada por saúde. Graduada em nutrição pela Faculdade Anhanguera de Anápolis. Pós-graduada em Alimentos Funcionais e Nutrigenômica na Prática Clínica e Esportiva pela Universidade Estácio de Sá. *Professional Coaching* pela Academia Brasileira de Coaching com certificação internacional pelo BCI (Behavioral Coaching Institute).

Contatos
www.lydianerodrigues.com.br
lydianec@gmail.com
(62) 8115-5130

Lydiane Rodrigues

Se você reparar, a maioria das atitudes que vamos conversar agora é de graça e eficaz para quem busca um estilo de vida preventivo e terapêutico. Mas se prevenir é praticamente de graça, por que insistir em remediar? Será que trocamos o "prevenir é melhor que remediar" por "prevenir é remediar"? Pois digo para você, hoje, que é possível você ter o melhor para a saúde sem gastar quase nada. É isso mesmo que você leu.

Nossa conversa aqui não tem a solução para todos os males do corpo e da mente, mas oferece a você a oportunidade de fazer uma reflexão e de estabelecer estratégias capazes de dinamizar a saúde, hoje e depois. Tudo bem?

Ao decorrer da nossa conversa vou fazer-lhe várias perguntas. É interessante que você as responda. Isso vai ajudá-lo a traçar seu plano de ação infalível rumo à longevidade e qualidade de vida. E o emagrecimento? Ele é somente consequência de um estilo de vida saudável. Então vamos lá, agora você vai conhecer oito atitudes poderosas.

1. **Faça exercícios:** uma coisa é certa e com ela pesquisadores do mundo inteiro concordam: fazer exercícios físicos regulares proporciona benefícios que nenhum medicamento pode oferecer. A prática de exercícios ajuda a desenvolver a musculatura, a perder gordura e aumentar a disposição, fazendo você se sentir bem. Melhora sua pele, aumenta sua clareza mental e inclusive a libido. Determinados hormônios liberados durante os exercícios retardam e até mesmo revertem o processo de envelhecimento. *Sendo assim, qual foi a última vez que você fez uma atividade física? Quanto tempo tem isso? De lá para cá, quanto você tem perdido por negligenciar o exercício físico na sua rotina?*

Quero que você entenda que, quando falo exercício, não estou me referindo apenas à corrida e levantamento de peso. O simples fato de você levantar da cama pela manhã, realizar as atividades domésticas, sair de casa, cortar a grama e brincar com os seus filhos, você está se movimentando. O segredo então é movimentar-se mais. *Quais mudanças na sua rotina são possíveis de serem feitas e que vai ajudá-lo exercitar-se mais?*

2. **Descanse:** talvez você viva no limite do cansaço, sem dar um tempo para sua vida. Essa é a realidade da maior parte dos brasileiros, porém, apesar de diminuir sua eficiência e incapacitá-lo para continuar uma atividade, a fadiga, felizmente, protege sua saúde. Sim, a fadiga é um sinal, um alerta de que você e eu precisamos de um *stop*. No entanto, tirar férias com a família e ainda manter contato com a empresa, responder e-mails de clientes ou aproveitar para concluir um projeto não é de fato um repouso e, infelizmente, isso surte pouco ou nenhum efeito para sua saúde. *Você precisa desligar-se e descansar de verdade algumas horas todos os dias, um dia em cada semana e 30 dias em cada ano*. Agora você deve estar sorrindo e perguntando "na prática, como isso funciona, Lydiane?"

É simples, basta uma pitada de esforço e comprometimento. Encerre seu expediente sempre no mesmo horário proposto. Confesso que já tive muita dificuldade de colocar essa ação em prática na minha vida, mas hoje usufruo dos benefícios dessa simples ação.

Relaxe! Aposte na meditação, leitura de um bom livro (às vezes nem é preciso comprar um novo livro, basta escolher um dos vários que você já comprou e ainda estão no armário, esperando por você), nos exercícios físicos. Eles são um dos melhores relaxantes fisiológicos que existem. Com trinta minutos de caminhada vigorosa, por exemplo, já é possível sentir os resultados.

Durma! Nossos músculos se desenvolvem melhor durante o sono, sabia? Mas nada de ansiolíticos e drogas. Apague todas as luzes, inclusive do seu computador, iPads, iPhone e televisão. Filmes de ação e noticiários violentos da TV excitam o cérebro, atrapalham para você dormir. Invista em um banho morno antes de dormir (compartilhe esse momento com seu amor), pois também ajuda a relaxar. Evite comer muito à noite. Dê preferência a uma alimentação à base de frutas e cereais integrais.

Bom, até aqui falei de como você e eu podemos descansar de verdade algumas horas todos os dias. Mas, além disso, ainda é preciso e possível descansar um dia em cada semana e 30 dias em cada ano. Quer ver como? Então continue comigo para saber, ok?

Dedique um dia da semana como dia especial de repouso físico, mental e espiritual. A escolha do dia fica à sua escolha. Há muitos anos tenho dedicado o sábado para esse fim. Nesse dia, por exemplo, mantenho as portas do meu consultório fechadas, sem atendimentos nutricionais e sessões de *coaching* para emagrecimento e saúde e invisto tempo com a família, natureza, meditação e até mesmo em ações sociais.

Anos atrás conheci um médico, proprietário de um laboratório aqui no Brasil. Na ocasião conversamos sobre o trabalho, saúde e ele compartilhou sua experiência comigo, contando como a rotina desenfreada tinha influenciado no seu diagnóstico de depressão, decadência na saúde e casamento. Em seguida contou-me o segredo de como conseguiu superar a depressão, resgatar a saúde e seu casamento. "Lydiane, eu simplesmente me desliguei e descansei um dia toda semana durante um ano. E hoje tenho usufruído dos benefícios. Todo sábado deixo minhas atividades aqui no laboratório e dedico tempo com minha esposa, filha e o Todo Poderoso".

Descanso não é tempo perdido e não é ficar à toa sem fazer nada. Inclusive o fato de você não fazer nada cansa tanto quanto fazer coisas em excesso, certo? Aproveite seus momentos de descanso para contemplar o que você fez, se sentir realizado ao olhar seu trabalho, reorganizar a rota da vida, ter a certeza de que está no caminho certo.

Ah, também tire férias. *Qual foi a última vez que você tirou férias? Como e onde foi? O que o marcou nessas férias? Como suas férias precisam ser para você aproveitá-las da melhor maneira? Quais atividades diferentes você pode fazer nas férias para verdadeiramente se desligar?*

Possivelmente você pode ser dono do seu próprio negócio. Mesmo assim não abra mão de montar um plano de férias. Dê um jeito, você precisa disso. Você merece. A vida passa, nossa mãe e pai deixam de existir em nossas vidas, os filhos crescem, nós envelhecemos e morremos e o trabalho permanece. D-E-S-C-A-N-S-E, combinado?

3. **Alimente-se bem:** boa parte do segredo da prevenção e até tratamento das doenças pode estar no que você coloca na boca. Conheça e insira alimentos funcionais e nutracêuticos no seu dia a dia. Eles modulam os processos metabólicos, melhorando as condições de saúde, promovendo o bem-estar e prevenindo o aparecimento precoce de doenças degenerativas.

Coaching Esportivo & Saúde

Por meio da Nutrigenômica, pesquisadores têm estudado como os alimentos "conversam" com nossos genes. O poder dos alimentos é incrível! A qualidade da sua alimentação pode ligar ou desligar alguns genes e colocar o seu metabolismo em risco ou não, já que uma mudança de estilo de vida pode reverter algumas alterações do seu metabolismo. Portanto, pare e pense um pouquinho: *como tem sido sua alimentação nos últimos meses? Como sua alimentação tem afetado sua saúde, sua vida? O que pode acontecer em sua saúde, sua vida emocional e social se você não fizer nenhuma mudança ou continuar ignorando essas questões?*

O grande Paulo Bento me disse uma vez: "O sucesso é diretamente proporcional ao tamanho do comprometimento". Comprometa-se com você mesmo e invista na sua alimentação, na sua saúde, em você. Entre no site do Instituto Brasileiro de Nutrição Funcional e encontre um nutricionista funcional mais próximo de você. Esse é o melhor profissional para ajudá-lo no quesito alimentação.

4. **Beba água:** a água pura hidrata e é o principal alimento desintoxicante, pois auxilia na eliminação de toxinas pela urina, fezes e suor, permitindo que o organismo equilibre suas funções. Esse precioso líquido também fortalece o sistema imunológico, pois os linfócitos T e B atuam melhor quando bebemos muita água pura e todas as defesas do organismo trabalham com eficiência se tiverem água suficiente. Ah, você ainda precisa saber, a desidratação leve reflete diretamente na aparência da sua pele sim, provocando a diminuição do tônus muscular, textura e elasticidade da pele.

Agora é hora de você pensar um pouco: como está a aparência da sua urina? Quero dizer, a cor e o odor dela. Ontem você ingeriu água suficiente? Você já tomou água hoje? Qual a quantidade? O que você pode fazer para ingerir mais água?

5. **Tome banho de sol:** luz solar é bactericida, fortalece a pele e ajuda a sintetizar a vitamina D no organismo. Essa vitamina favorece a assimilação do cálcio ingerido com os alimentos, contribuindo decisivamente na formação e bom estado dos ossos. Até 90% de toda a vitamina D que nosso corpo neces-

sita são produzidos pela luz solar. A fração restante vem de alimentos fortificados, cogumelos, leite, ovos e peixes.

Qual foi a última vez que você viu a luz do dia, se expôs alguns minutinhos ao sol? De que forma você pode tomar um banho de sol diariamente? Que horário fica melhor para você? De manhã até às 10h ou à tarde depois das 16h? Em que local é possível? Quando você consegue responder bem essas perguntas, você explica bem o que quer e enfatiza todos os pormenores. Desse modo fica mais fácil realizar a ação e atingir seu objetivo de saúde e longevidade.

6. **Respire fundo:** você deve ter acabado de pensar: "Lydiane, o ar está poluído". Sim, mas respirar ar puro continua sendo vital para ter saúde. Por isso é importante você e eu passarmos tempo em contato com a natureza e nas zonas rurais, onde o ar é mais puro.

No local onde você mora existe um parque bem arborizado? Você tem uma chácara? Qual foi a última vez que você deu uma voltinha por lá? É possível, hoje, você fazer um passeio nesse parque? É possível você programar finais de semana e feriados longos fora da cidade para respirar ar puro do campo? O que você pode fazer para tornar isso real a partir de hoje?

Quando respiramos com regularidade, calma e profundidade, além de irrigar o cérebro, o ar chega a todas as partes dos pulmões, fazendo com que o sangue também circule adequadamente por eles. Há também um aumento da resistência local a infecções das vias respiratórias (laringe, traqueia e brônquios). As mucosidades retidas nas vias respiratórias se mobilizam e saem mediante a expectoração ou tosse, aumenta a resistência às infecções, melhora o rendimento intelectual e reduz a irritabilidade.

7. **Pratique o domínio próprio:** certa vez uma paciente me disse: "Lydiane, eu tive que comer duas barras de chocolate para alimentar a alma, mas os chocolates eram amargos". É preciso que entendamos que o excesso em qualquer coisa cobra um risco muito elevado, independentemente se o alimento é maléfico ou benéfico à saúde. A compulsão alimentar, por fumo, bebidas, drogas, é responsável em gran-

de parte pelo alto índice de obesidade e doenças crônicas em nosso país.

Olhe para dentro de você, repare suas atitudes antes de se render a essas compulsões e perceba qual é o seu gatilho. Gatilho é aquilo que dispara sua compulsão por algo, para a comida, por exemplo. *O que está faltando na sua vida? Está faltando prazer? Está faltando afeto? O que o leva a buscar na comida, no álcool, cigarro e em outras drogas aquilo que está faltando na sua vida?* Pois é justamente isso que precisa ser trabalhado, tudo bem?

8. **Tenha confiança:** confie em você e em algo superior. Cientistas da Universidade Duke confirmaram que a prece pode influenciar a capacidade orgânica de enfrentar doenças. Quando você ora/reza e canta/ouve músicas religiosas que elevam sua mente a pensamentos espirituais, é fortalecido seu lobo frontal, parte do cérebro que ativa o sistema imunológico e ainda você tem 25% de chance de viver mais que os céticos, tem mais saúde física e mental, pressão arterial normal e um sistema de defesa orgânica muito mais forte.

O que você entende sobre espiritualidade? Em uma escala de 0-10, que nota você daria para sua espiritualidade?
A espiritualidade que estou mencionando aqui, com você, vai além da mera crença. Envolve confiança, entrega e dependência de alguém em relação a um ser superior. Isso é tudo de que você precisa para enfrentar as dificuldades tão comuns da sua vida e para lutar pela realização dos seus sonhos e esperanças.

Responda às perguntas feitas ao longo da nossa conversa. Esse exercício vai proporcionar respostas que antes você não tinha obtido, as quais vão ajudá-lo a colocar em prática o que tratamos aqui. Tudo certo?

Saúde e vida longa para você.
Um grande abraço.

18

Obesidade na linha do tempo e emagrecimento

Se o propósito do *coaching* é mudar comportamentos, então a missão do *coach* é descobrir o que afeta os comportamentos de um modo que gere a mudança desejada

Maria de Fatima Freitas

Maria de Fatima Freitas

Psicóloga cognitiva comportamental, psicologia aplicada à Saúde e às Ciências Neurológicas. Terapeuta. Pós-graduada em psicopedagogia com foco na Psiconeurologia. Formação internacional em Emobiologia - A evolução da nova medicina germânica - As oito leis biológicas: ciência que estuda a relação entre os nossos sentimentos e as adaptações orgânicas que se produzem como resposta a um período de estresse emocional (choque de conflito). *Practitioner* em PNL (IPHC/SP); *Practitioner* em PNL- Engenharia Mental e Hipnose-André Percia. Coach-SBCoaching - Sociedade Brasileira de Coaching. *Master Coach*: Sysemic Coaching, integrating essential methods of NLP, Systemic Constellations, Hypnotherapy, *methods applied to* Life-Coaching, *Business-Coaching and Team-Coaching* - Metaforum Internacional – Brasil-Alemanha- Sociedade Euro Americana de Coaching (SEAC) – with Bernd Isert. Constelação Sistêmica e Familiar (pessoas e bonecos); *Body Mind Talk- (Body Mind Coaching)* - As Chaves do Corpo e da Mente – Brasil-Dinamarca-Nehemias Tavares. Homeostase Quântica Informacional - Instituto Quantum- Cida Isa Vieira Bringel. Por anos vem se dedicando a estudar os mais profundos conceitos, técnicas e recursos que possam contribuir com o progresso do potencial humano, nas mais diversas áreas como: Neurociência, Regulação Neural; Eneagrama; Física Quântica, Metafisica da Saúde, Linguagem Corporal, Psiconutrição entre outras.

Contatos
mariadefatima.terapias@gmail.com
skype: mariadefatimaterapias
Celular e WhatsApp (17) 99122-7793

Maria de Fatima Freitas

Muitas vezes, consumir menos calorias e queimá-las de forma eficiente emagrece, porém a chance de recuperar o peso é enorme, pois a dieta e as atividades físicas trabalham apenas os sintomas do problema de peso. Podemos então reeducar o cérebro, o administrador do comportamento alimentar, o controlador do apetite. Praticamente comemos por motivos que não têm nada a ver com a fome.

O que pode estar acontecendo é uma desregulação global por meio das experiências de vida e escolhas pessoais de estilo de vida. Isso começa na infância ou mesmo no útero: o cérebro pode ter sido programado para comer demais pelo estado nutricional da mãe, o peso e os hábitos alimentares antes e durante a gestação podem ter alterado as preferências alimentares e aumentando a susceptibilidade de ganhar peso. O alimento que se come hoje, as experiências emocionais e o bem-estar físico determinam 'o que' e 'o quanto' de comida se anseia amanhã.

Em alguns momento da vida, bem lá atrás, a criança num desconforto qualquer físico/emocional, o adulto (pai /mãe) deu um beijinho no machucado e ofereceu algo do tipo bolacha, bolo, chips, assegurando-lhe que iria passar a dor. Conduta que leva a criança a ver a comida e o mundo por meio da associação: estímulo desagradável – alimento – satisfação. O cérebro acredita nisso e sempre faz questão de lembrar: a dor seja emocional ou até física alivia quando se come alguma coisa.

Sabemos que as comidas ativam o sistema de recompensa do cérebro, que em troca, libera dopamina, uma substância para "sentir-se bem". O que acontece é que o cérebro busca o equilíbrio acima de tudo, então ele tem que encontrar uma forma de diminuir os altos níveis de dopamina trazidos com o excesso de comida. Ele conta com um mecanismo que desliga os sistemas quando habitualmente produzem um excesso de qualquer coisa, esses mecanismos limitam a superabundância de dopamina. O resultado é uma atividade menor de dopamina nas áreas de recompensa de cérebros de comedores compulsivos que nos de comedores não-compulsivos.

A baixa quantidade de dopamina significa que muitas pessoas com excesso de peso estão por aí, experimentando significativamente menos prazer na vida cotidiana do que precisam para sentir-se calmas. Então o cérebro faz o que pode para compensar um pouco de dopamina. Já que comer é um método fácil de fornecimento de dopamina e está disponível praticamente a qualquer momento, torna-se a principal fonte desse componente químico no cérebro. O prazer deve vir tanto de alimentação (saudável) como das atividades não-alimentares: soltar pipa, resolver palavras-cruzadas, fazer massagem, passear num parque ou zoológico etc. Mas o cérebro já foi treinado pela mera repetição a buscar comida quando precisa de uma dose rápida de dopamina, de forma que o ciclo

Coaching Esportivo & Saúde

vicioso começa tudo de novo, essa dopamina que resulta do ato de comer é usada como um remendo temporário, não como uma solução real para consertar o que quer que esteja causando o desequilíbrio.

Para controlar a alimentação, devemos investir tempo e esforço para aumentar o prazer e satisfação na vida cotidiana com experiências não-alimentares.

A proposta aqui é reprogramar o cérebro para que o cliente, ao invés de procurar a comida toda vez que está insatisfeito com alguma coisa e/ou ansioso, ele tem opções não-alimentares ao invés de opções alimentares como lhe foi ensinado. Cada vez que se faz uma escolha saudável, são fortalecidos os caminhos do cérebro para sentir-se emocional, física e cognitivamente em forma pelo prazer corporal mais do que pelos lanchinhos, e a repetição dessas escolhas cria verdadeiras avenidas neurais responsáveis pela mudança de comportamento.

Vamos entender mais um pouco do cérebro: ele tem mais ou menos 100 milhões de células interconectadas, ou neurônios, que se comunicam uns com os outros formando conexões ou redes: avenidas neurais. Quanto mais conexões, mais rápido, criativo e complexo são os pensamentos e mais eficientes serão as ações.

Ele está dividido de várias formas, em várias áreas:

O cérebro visceral (encéfalo, antigo, inferior) é totalmente inconsciente. Ele nos faz mergulhar em gratificação imediata, armazenar suprimentos, rastreia os alimentos, detecta perigos. Ele se lembra que o indivíduo comia aquele belo lanche com *bacon*, que tanto gosta de comer hoje, quando estava passeando com o papai e a mamãe. Nele estão os instintos, as paixões, o cérebro emocional ou sistema límbico. É por aqui que os marqueteiros de comida pegam o indivíduo, pois é a entrada para o estômago. O efeito "nham" da comida é capturado pelo cérebro visceral, e o que essa parte do cérebro vê, ela quer! Os neuromarqueteiros usam o insumo sensorial para manter o indivíduo no nível visceral.

O sistema límbico é um grupo de estruturas: o hipotálamo, hipocampo, amígdala e tálamo. O sistema límbico controla o apetite, e as emoções residem aqui. E ele vê as necessidades como intercambiáveis, qualquer necessidade não satisfeita pode ser preenchida pela alimentação. Quando ele tenta recuperar o equilíbrio e não consegue, faz o que o adulto faz com o filho mal humorado diz: - "Venha, coma alguma coisa".

Os gânglios basais, localizados na parte profunda do cérebro, controlam nossa reação física à ansiedade, e o desequilíbrio neuroquímico causado pela ansiedade aciona ânsias e excesso de comida como forma de alívio e compensação para as diminuições de prazer.

O giro cingulado é o mecanismo do cérebro para passar marchas de uma atividade a outra. Se o indivíduo está emperrado em preocupações repetitivas, as vontades e a alimentação são afetadas.

O hipotálamo - tudo que afeta a alimentação tem que fazê-lo via hipotálamo, sua função é regular o processo metabólico, está conectado às contínuas necessidades de energia do corpo, sinalizando por comida quando sente que as exigências nutricionais do corpo estão em baixa. Devido às redes neurais, o cérebro pode intercambiar períodos de baixa em qualquer necessidade emocional com a alimentação.

O arco do prazer - insumo da amígdala, do hipocampo, da ínsula e do núcleo caudal para impulsionar o ato de comer, aqui está o prazer de comer. Então, para controlar a alimentação, deve-se investir tempo e esforço para aumentar o prazer e satisfação na vida cotidiana com experiências não-alimentares.

O cérebro comportamental (mesencéfalo) ele é principalmente inconsciente, automático, e pode se tornar consciente se necessário. Ele permite o uso do bom senso, reconcilia as forças cegas das exigências do cérebro visceral e os altos ideais do cérebro superior do que devemos fazer. É ele que nos faz, muitas vezes, tomar um iogurte com granola ao invés do gorduroso sorvete.

O cérebro reflexivo (anterior) tem conexão com o cérebro comportamental, mas também tem um desempenho separado, desconectado, para analisar conscientemente a ação decisiva. Nele está o poderoso córtex cerebral, bem como os lóbulos frontal e pré-frontal - os freios do cérebro - ele pode adiar gratificações até explorar outras opções e então decidir, vê a comida e contrasta com o conhecimento sobre calorias, carboidratos e gorduras; mantendo assim o cérebro e não a boca, no comando das escolhas alimentares. Um córtex pré-frontal poderoso é algo obrigatório para dispensar repetições ou desviar-se das guloseimas.

TÉCNICA: Mudança de História Pessoal - MHP

Estabeleça um nível ótimo de *"rapport"* com seu cliente.
Identifique o estado não desejado, frustrante - pegue a sensação.
Peça ao cliente para recordar uma experiência recente relativa a este estado.
Calibre e ancore este estado para a condução.
Quebre o estado, teste a "âncora".
Estabeleça agora junto com o cliente a "linha do tempo" dele, levando-o a imaginá-la como uma linha física no chão e a marcar nela o momento presente, podendo marcar os momentos de sua concepção e nascimento, situados no início da linha à esquerda e visualizando o futuro a perder de vista, à direita da linha.
Peça ao cliente para estabelecer uma linha paralela à linha do tempo, será chamada de "linha de dissociação!" ou "linha dissociada", na

qual ele se mantém na idade presente, vendo a si próprio nas idades correspondentes aos diversos pontos da "linha do tempo".

Posicione o cliente na linha do tempo de costas para o passado.

Fale para o cliente: você irá se deslocar lentamente ao longo da linha do tempo na direção do passado, mantendo o olhar para o futuro e as costas para o passado, ok?

Dispare a âncora do estado limitante. Fale para o cliente: agora nós iremos caminhar lentamente pela sua linha do tempo e encontrar o evento mais recente em seu passado que este estado limitante ocorreu, ok?... Ótimo... Vamos caminhar até o momento mais recente que este estado ocorreu... Quando foi esse evento? Qual sua idade? (faça uma marca simbólica no chão com a idade do cliente neste evento).

Pergunte ao cliente: aqui neste ponto, esta sensação, ou sentimento é nova para você, ou algo que você já conhecia?

Encontre os eventos mais marcantes e os marque, vai até chegar à primeira experiência relativa ao estado limitante. Leve o cliente até a experiência reconhecida pela mente inconsciente como a "primeira";

Fale para o cliente: agora que descobrimos a primeira experiência, eu gostaria de saber qual é sua idade agora... Dê um passo atrás, posicione-se exatamente alguns minutos antes do evento acontecer e em todo o processo você pode ficar tranquilo e confiante"... Ótimo... bom trabalho... Vamos agora passar para a linha dissociada, ficando na posição de adulto, nesta posição agora vamos ver "seu eu mais jovem" momentos antes do acontecimento na linha do tempo. Agora dirija-se diante do seu "eu mais jovem" e assegure-o em tom confortador ..Diga-lhe que você veio do futuro e que, na verdade, você, que é meu "eu mais jovem", não apenas sobreviveu àquela e a outras experiências, mas aprendeu com elas... (frases/recursos) tornando-se um adulto forte, confiante e seguro, tendo adquirido inúmeras habilidades e capacidade ao longo de uma vida produtiva, feliz e equilibrada... Diga ao seu "eu mais jovem" que ele sobreviveu a tudo isto... Bom trabalho...

Agora diga ao seu "eu mais jovem" para colocar diante dele uma tela de cinema e projetar nela o desenrolar do evento traumático ou limitante.

Fale ao cliente: agora após ver este filme pergunte ao seu "eu mais jovem" com que outros recursos ele gostaria de contar naquele evento, recursos como humor, confiança, segurança, perdão, paciência, controle, equilíbrio e assim por diante, de forma a transformar a frustração e o pesar em um aprendizado confortável e útil e proporcionando uma resposta comportamental diferente e adequada.

Estabeleça em todo o período *rapport* e deixe o cliente responder as perguntas em seu tempo. Busque todos os estados emocionais necessários.

Fale ao cliente: agora nós iremos buscar na sua linha do tempo onde você já obteve estes recursos. Confie em sua mente inconsciente e permita descobrir onde você já teve estes recursos que agora é necessário para você.

Depois de identificados na linha do tempo os recursos, ancore o estado e os recursos, diga ao cliente: Agora neste ponto de sua vida. Entre dentro deste momento onde você possuía o Recurso "XX" (recursos necessários). Entre dentro de você... Veja tudo o que você estava vendo... Ouça os sons que você estava ouvindo neste momento... e, principalmente, sinta... Sinta tudo o que você estava sentindo, neste momento onde você se encontrava totalmente "XX". Ótimo... Isso mesmo.

Represente o estado de recursos como uma luz. Se este recurso tivesse uma forma de bola, qual seria o tamanho dessa bola e dessa luz? Ótimo...Carregue entre as mãos essa bola iluminada.

Agora vamos buscar um outro recurso necessário a você, qual o próximo recurso necessário para você enfrentar de uma maneira mais eficiente aquele momento?

Encontre todos os recursos necessários para o cliente, faça-o buscar em sua linha do tempo momentos em que ele estava com os recursos necessários.

Fale ao cliente: agora com todos os recursos necessários para você enfrentar de forma a transformar o descontrole e sua condição em um aprendizado confortável. Vamos levar estes recursos a você mais jovem. Saia desta sua linha do tempo. Vá agora com o máximo cuidado para sua linha paralela e conduza, por meio da sua linha paralela, todos esses recursos ao seu "eu mais jovem. Isso... Dirija-se ao seu mais jovem antes do fato ter ocorrido". Agora em um gesto de carinho e amor... Ofereça ao seu "eu mais jovem"... Todos os recursos necessários... E veja como é fantástico... Como seu "eu mais jovem" torna-se totalmente iluminado por estar agora com todos os recursos necessários".

Após entregar os recursos, leve o cliente novamente na linha do tempo e diga:

Agora, associe-se ao seu eu mais jovem, reintegrando-o a seu próprio corpo e agora sentindo-se totalmente poderoso, com controle, equilibrado e repleto de recursos, dê um passo adiante e reviva a experiência, que antes foi traumática, absorvendo dela, agora, novos aprendizados e conhecimentos. Isso... Continue... Sinta como é prazeroso... Veja tudo o que você está vendo por meio dos seus olhos. Ouça todos os sons e, principalmente, sinta o prazer de passar por essa situação, agora com todos os recursos disponíveis. Isso... Leve a seu tempo... Ótimo... Bom trabalho... Tudo bem? Bem melhor agora?

Fale ao cliente: caminhe em sua linha do tempo em direção ao presente e vamos buscar uma próxima marca onde este incidente ocorreu...e vamos revivê-la intensamente e prazerosamente... ".

Repetir esta etapa pelas marcas estabelecidas anteriormente.

Teste e faça ponte ao futuro: ainda na linha do tempo, leve o cliente até um dia futuro onde ele vivencia uma experiência que presumivelmente o levaria ao estado de descontrole. Verifique a congruência das novas respostas fisiológicas.

Fale ao cliente: ótimo... Agora vá em direção ao seu futuro onde este estado de descontrole iria se repetir caso nós não tivéssemos feito este trabalho... Isso... Vá até ele... Como você se sente... Bem melhor? Ótimo! (aqui cliente e consultor podem se dar os parabéns!).

Este exercício pode ser feito numa constelação com apoio de outras pessoas ou usando bonecos e objetos ou etiquetas para representar os recursos.

Ensinando o cliente a tirar o impulso de comer e mudar o hábito com a auto-observação.

Toda vez que ele tiver o impulso de comer, ele deve se perguntar:

— Estou com fome mesmo? Isso é 100% fome?

Se realmente for fome, perguntar-se: — o que eu poderia comer de comida saudável que me satisfizesse?

Ou se for algo como, por exemplo: solidão, ansiedade... Pedir ao cliente para que se observe na vida de maneira calma e passiva, e observando os estados internos, bem como o que ele mostra ao mundo e ir se perguntando:

— O que desencadeia esse sentimento?

— O que eu posso fazer agora para me satisfazer diante dessa ansiedade?

— Que ações eu já iniciei e poderia continuar agora?

— Que ações eu gostaria de iniciar que eu ainda não iniciei e poderia iniciar agora?

— De que forma eu posso assegurar que o que iniciei será efetivo?

— O que estou aprendendo sobre mim e essas ações que estou inicializando?

— Quais foram as decisões mais importante que tomei nesse processo e quais ainda posso tomar? Qual meu comprometimento com esses processos?

— O que poderia impedir de conseguir chegar na meta? O que perderia e o que ganharia ao chegar na meta?

— Como seria sentir-se magro? Sendo magro, o que eu faria que eu não faço hoje?

Fazer visualizações.

19

Aprendendo a ser *coach* de si mesmo

Uma atitude de atenção constante ao próprio corpo, mente e olhos

Contribuo para esta obra com os conhecimentos do Método Meir Schneider Self-Healing®. Este método ajudará o esportista a prevenir lesões, a otimizar o movimento e a energizar as suas funções vitais. Seu corpo e seus olhos se tornarão mais conscientes, ágeis e fortes

Marianne Asmussen Aguirre

Marianne Asmussen Aguirre

Trabalho com o Método Meir Schneider Self-Healing desde 2000 - na promoção e manutenção da saúde visual e corporal tanto em grupos quanto individualmente. Atualmente ministro os cursos de formação do Método. Sócia Fundadora da Associação Brasileira de Self-Healing – ABSH e sua presidente de maio 2011 a maio 2015. Formação Acadêmica Bacharelado em Psicologia pela PUC-SP - Mestrado em Educação pela Catholic University of Miami. *Educator/ Practitioner Self-Healing* – School for Self-Healing – São Francisco – California – com especialização em visão e coluna e instrutora do método. Formação em Constelações Familiares Bert Hellinger com Erika Farney.

Contatos
www.absh.org.br
marianne@aguirre.com.br
(11) 3898-2295 / (11) 99988-9974

Marianne Asmussen Aguirre

O Método Meir Schneider Self-Healing®

Baseia-se nos princípios descritos ao longo deste texto e as principais ferramentas são exercícios conscientes passivos e ativos, massagem e automassagem e exercícios específicos para a visão, enfatizando que o trabalho sobre os olhos e sobre o corpo se potencializam mutuamente.

Origem

Meir Schneider nasceu com diversos problemas visuais – microftalmia, astigmatismo, cataratas, glaucoma e nistagmo – aos sete anos de idade foi declarado legalmente cego pelo estado de Israel. Aos 17 anos foi introduzido aos exercícios de visão de Wiliam Bates. Curiosamente, Isaac um menino de sua idade agiu como o seu "*coach*" e então Meir se dedicou de forma quase fanática aos exercícios praticando-os a todo momento para consternação de seus professores e descrença de seus familiares. Ao iniciar estes exercícios, Meir tinha 1% de visão, depois de 18 meses desenvolveu visão funcional e, atualmente, tem carteira de motorista sem restrições pelo estado da Califórnia nos Estados Unidos.

No processo de aprender a ver, Meir desenvolveu as habilidades que se tornaram os pilares do método. Hoje Meir mora em São Francisco na California onde fundou a School for Self-Healing. Tem livros publicados em diversas línguas, inclusive em português, e oferece cursos no mundo inteiro. No Brasil, temos a Associação Brasileira de Self-Healing cuja missão é a mesma que Meir pratica globalmente: compartilhar os conhecimentos do Método Meir Schneider Self-Healing por todo o território nacional.

O poder de autocura presente em todos nós

Acreditamos que todo corpo tem dentro de si recursos para restaurar, manter e melhorar a própria saúde. E que sempre podemos melhorar, não importa se somos um portador de uma patologia grave ou um atleta profissional.

Para liberar essas forças curativas inteligentes do organismo, precisamos remover as tensões e as restrições ao movimento.

Consciência cinestésica, respiração, quebra de padrões, relaxamento

Precisamos criar mais conexões entre a mente e as diversas partes do corpo e, com isso, quebraremos os padrões automatizados que nos enrijecessem e afetam o bom funcionamento de toda a musculatura esquelética e, consequentemente, também o funcionamento dos outros sistemas vitais (respiração, circulação, sistema nervoso, digestão, ossos, articulações, visão).

A consciência cinestésica permitirá que você sinta mais e mais o que está acontecendo com o seu corpo interna e externamente. Na ausência de uma consciência cinestésica, padrões nocivos de movimento ou postura conseguem se instalar e gradativamente piorar. Por exemplo, o hábito de tensionar a região ao redor de nossos olhos, testa, nuca, pode gradativamente diminuir o suprimento sanguíneo para os olhos e, com isso, causar perda de visão e enxaquecas.

Nossos pulmões têm a capacidade de inspirar quatro litros de ar, no entanto, a maioria das pessoas inspira apenas 500ml.

Ao melhorar a respiração, você melhora todas as demais funções vitais.

A consciência cinestésica e a respiração profunda acompanham todos os exercícios e transbordam para todos os momentos do dia (idealmente). Uma vez que essa constância é difícil, proponho inserir momentos de encontro consigo mesmo durante o dia. Alguns de meus clientes programam seu celular para que os "desperte " a cada hora para 5 minutos de *coaching* pessoal: como está a minha respiração? Como está a minha postura? E as minhas tensões? E as minhas emoções? E os meus pensamentos? E os meus olhos? Pequenas rotinas podem ser introduzidas nesses encontros, por exemplo empalmar*, olhar longe, ensolar*, tensionar e relaxar o corpo, rodar os ombros, fazer um arco espinhal, visualizar que o pescoço se alonga até o céu, e que os ombros se alongam para os lados, sempre acompanhados da respiração profunda e da atenção.

* exercícios explicados adiante.

Uso equilibrado dos músculos

Devemos identificar quais são os movimentos que predominantemente realizamos, no esporte específico que praticamos e no nosso dia a dia e então nos dedicarmos a realizar movimentos contrários. Todos nós praticamos mais a flexão do que a extensão, ao sentar, escrever, dirigir, recomendo, portanto, praticar a extensão para contrabalançar essa tendência.

Marianne Asmussen Aguirre

Para promover uma melhor função muscular nós devemos:
- Ativar o maior número possível de músculos – realizando exercícios que os estimulem. Temos aproximadamente 600 músculos – mas apenas mobilizamos 10% deles porque sempre fazemos as mesmas coisas da mesma maneira.
- Aprender a recrutar somente músculos que devem trabalhar para realizar determinada tarefa – este é o isolamento muscular.
- Alongá-los durante o próprio movimento de forma equilibrada e relaxá-los ao termino da tarefa.

Num movimento saudável vários músculos estão envolvidos numa tarefa (agonistas, antagonistas, sinergistas, fixadores) e é importante que cada um possa contrair e relaxar conforme a solicitação. Se isso não ocorre, o movimento pode se tornar distorcido ou até impossível. Músculos que não se movem acabam enfraquecendo e pode haver em torno deles um espessamento da fáscia. A tensão muscular muito grande pode provocar desalinhamentos posturais, deformar articulações, pressionar ou pinçar nervos, impedir a propagação dos impulsos nervosos, destruir capilares sanguíneos.

Introduzimos o movimento em quatro estágios, sendo o primeiro de promover consciência cinestésica e relaxamento, tornando o cliente sensível ao próprio corpo. Neste estágio, os instrumentos são: massagens e automassagens, movimento passivo (feitos pelo terapeuta), visualizações e exercícios suaves – os dois estágios seguintes progressivamente aumentam em resistência e vigor. Verificamos que mesmo exercícios leves ativam os músculos, aumentam sua flexibilidade e melhoram a circulação. Utilizamos muito os movimentos circulares. Nesta atividade é mais fácil isolar os músculos importantes e relaxar os demais. Os músculos são fortalecidos de forma equilibrada por utilizarmos todos os músculos que movem a articulação e, com isso, se estabelecem novas conexões neurais. O movimento da articulação estimula a produção do líquido sinovial. Ao mover as articulações de todas as formas possíveis, todas as suas faces serão banhadas pelo líquido sinovial, o que traz um grande benefício para as cartilagens, uma vez que o líquido sinovial as nutre, lubrifica e tem propriedades bactericidas.

No quarto estágio, aí sim trabalhamos exercícios vigorosos visando a contração muscular e seu fortalecimento.

A visualização e as afirmações

São ferramentas que utilizamos para melhorar determinado movimento ou função primeiro no plano da imagem mental. Po-

Coaching Esportivo & Saúde

demos criar uma sensação de leveza imaginando que somos um balão flutuando em direção ao céu, podemos isolar músculos ao visualizar que são os músculos distais que realizam o maior trabalho, por exemplo, ao caminhar visualizar que são os pés que elevam as pernas, essa imagem permite que relaxemos os músculos dos quadris e das costas. Meir já lançava mão deste recurso há 30 anos, atualmente estão sendo conduzidos experimentos científicos que demonstram sua eficácia.

Gerenciamento do stress

É importante compreendermos um pouco sobre o funcionamento do sistema nervoso autônomo e suas duas divisões, o sistema simpático e o parassimpático, afim de melhor gerenciar o *stress*. O sistema simpático tem uma função estimulante e controla principalmente nossas situações de emergência e o parassimpático uma função calmante que nos traz relaxamento e auxilia no bom funcionamento de todos os nossos sistemas vitais. Nossos ancestrais tinham uma vida mais simples, deparavam-se com situações de perigo como, por exemplo, animais selvagens e tinham que fugir ou lutar para sobreviver. Passavam assim pelo ciclo completo do *stress*: a situação de perigo deflagrava as reações de emergência do corpo, ao lutar ou fugir queimavam-se os produtos jogados no corpo como a adrenalina, e os corticoides e, ao final, o sistema parassimpático podia de novo entrar em ação acalmando o corpo. Já nos dias atuais as situações de perigo não são tão claras, em seu dia a dia o homem enfrenta inúmeros estressores e pouca oportunidade de deixar esta situação chegar a um clímax seguido de uma liberação.

Este é o *stress* que se torna crônico e o que ocorre é que, ao invés do sistema simpático e do parassimpático se alternarem e se complementarem, o sistema simpático toma a dianteira e passa a inibir o sistema parassimpático – produzindo um estado de alerta constante, uma sensação de inquietude que traz consigo inúmeros distúrbios como doenças cardiovasculares, digestórias, e os avisos mais leves e provavelmente anteriores aos distúrbios citados como insônia, falta de memória, constipação, diarreia, taquicardia entre outros.

Devemos oferecer ao corpo uma liberação tão forte quanto foi a excitação, quer seja correr, andar rápido, nadar energeticamente. Além disso, devemos praticar com assiduidade maneiras de estimular e ativar o sistema nervoso parassimpático – desenvolvendo uma competência cada vez maior para manter a calma nas diferentes situações que a vida nos traz incluindo competições esportivas.

A forma mais eficaz para este objetivo é a respiração consciente, lenta suave e profunda. Onde procuramos estar atentos a esvaziar completamente os pulmões antes de começar a inspiração. Para isso, será importante termos relaxado os músculos envolvidos na respiração, como os intercostais internos, externos e o diafragma.

Outra maneira de ativar o sistema nervoso parassimpático é de receber uma massagem suave que gera um movimento nos tecidos convidando-os a relaxar e a eliminar as adrenalinas e os corticoides.

É importante tanto o movimento para eliminar um *stress* crônico e residual como aperfeiçoar maneiras de lidar com o *stress* pontual como ocorre durante competições. A assiduidade no primeiro movimento facilita a competência no segundo.

A visão

Todo esportista, independentemente de sua atividade, pode lucrar com uma melhor acuidade visual central, com uma expansão do campo de visão periférico, com olhos que se movimentam com agilidade e coordenação em todas as direções e se comunicam com o cérebro de forma fluida livre de estática. Esportes de equipe rápidos caracterizados por uma mudança constante de ambiente se apoiam fortemente nas informações da visão.

O equilíbrio entre a acuidade visual dos dois olhos

Frequentemente as pessoas possuem um olho com melhor acuidade visual do que o outro. Esta desigualdade pode causar uma falta de equilíbrio porque o olho mais fraco tende a ser suprimido e assim sua visão periférica pode ficar inoperante. O *Self-Healing* trabalha para equilibrar a visão tanto entre os olhos como dentro do próprio olho – equilibrando a visão central e a periférica.

Estimulando a visão periférica

Pelé ficou famoso por sua visão periférica – que os futebolistas chamam de visão de jogo. O 4º gol decisivo, tornando o Brasil tricampeão no México em 1970 foi consequência de um passe de Pelé para o jogador que vinha atrás dele. Esta habilidade pode ser desenvolvida por meio de exercícios visuais.

O esportista pode detectar os movimentos dos adversários e dos companheiros do próprio time e realizar decisões mais acertadas a cada segundo. Ademais por ter desenvolvido maior visão periférica e independência entre os músculos do pescoço e dos olhos poderá iniciar manobras sem alertar os adversários – por não girar a cabeça na direção do movimento intencionado.

Exercício para aumentar a visão periférica, estimulando bastonetes adormecidos: prenda um papel preto de 2.5 x 5 cm com fita crepe na ponta de seu nariz – cobrindo a visão central. Caminhe por alguns minutos num ambiente conhecido, olhando para o papel preto e, ao mesmo tempo, preste atenção à visão periférica. Sente-se e levante diversas vezes. Este movimento colocará seu cérebro em contato com uma periferia móvel, aumentando o seu campo de visão. Aliviará também a sua visão central por recrutar células da visão periférica (bastonetes) para dividir o trabalho da visão central (cones).

O relaxamento dos olhos

O exercício de empalmar traz um relaxamento para os olhos limpando o caminho neural entre os olhos e o cérebro, permitindo um olhar mais vivo e desperto. Ele é feito em ambiente escuro cobrindo os olhos com as palmas das mãos, mantendo os cotovelos apoiados e aí permanecendo por um certo tempo – respirando profunda e lentamente. O de ensolar ensina ao cérebro e aos olhos a receber a luz sem tensionar, além de ampliar a capacidade de dilatar a pupila e também de contraí-la. Neste exercício, a pessoa fica com o rosto voltado para o sol, de olhos fechados e lentamente gira a cabeça de um lado para o outro. É importante que seja realizado fora das horas do sol forte, entre 7 e 10h da manhã e após às 4h da tarde.

A saúde dos olhos segue os mesmos princípios do resto do corpo.

Conclusão

Esta abordagem pode ser útil a todo o espectro de condicionamento físico. Desde o sedentário até o esportista profissional, passando pelo atleta de final de semana, e por aquele que quer se manter em forma e se exercita com regularidade.

O site www.absh.org.br – traz a lista de livros e materiais de apoio. Cursos de formação, *workshops* e palestras são sempre anunciados, além dos nomes de todos os terapeutas que trabalham com o método.

Terei um grande prazer em pessoalmente orientar o leitor interessado em se aprofundar neste conhecimento.

20

As quatro turbinas do sucesso esportivo

Diariamente me perguntam o que é preciso para ter sucesso em provas de 5km a 42km, *Triathlon Short* ao *Ironman*. A resposta é simples, o que é preciso está dentro de nós. Mostrarei como em quatro anos de existência levei uma equipe de amadores a vencer o Campeonato e Vice em dois anos seguidos de *Triathlon* no Rio De Janeiro, além de milhares de conquistas individuais

Mario Jorge Hilarino

Mario Jorge Hilarino

Mario Jorge é *Coach* de Fato graduado em licenciatura plena da Educação Física pela Universidade Castelo Branco, pioneira no curso noturno de Educação Física, sempre acreditou que a atividade física pode desenvolver e transformar as pessoas de forma global, ensinando-as da forma mais real possível, como podem vencer em todas as áreas da vida, já desenvolveu mais de 10000 pessoas através de cursos, *workshops*, palestras motivacionais e treinamentos experienciais / vivenciais ao ar livre de grupos grandes ou In Company, sempre direcionados a transformar a *mindset* de pessoas comuns em pessoas vitoriosas, seus atletas já fizeram mais de 8000 participações em provas sem nenhuma desistência, por medo do mar mesmo em provas de travessias e maratonas aquáticas, *triathlon* ou por falta de condicionamento físico nas condições mais adversas possíveis, além de mais de 2130 pódios apenas nos últimos seis anos.

Contatos
www.mariojorgehilarino.com.br
www.linkedin.com/pub/mario-jorge-hilarino/62/669/100
www.facebook.com/mariohilarino

Mario Jorge Hilarino

Checando o plano de voo e suprimentos

Diariamente alunos e amigos me perguntam o que precisam fazer para ter sucesso no esporte, numa prova, numa dieta, num determinado objetivo ou meta, qual tênis, suplemento, bicicleta, nadadeiras devem comprar e usar para correr, pedalar, nadar ou conquistar seus objetivos e, acredite, são os mais variados, imagináveis!

Sempre ensino que o que precisam está dentro de cada um de nós. O grande problema é que não sabemos e nem somos ensinados a utilizar esses recursos fantásticos que temos. Somos uma grande e perfeita máquina, mas ao mesmo tempo temos um enorme paradoxo, nós conquistamos a lua, porém vivemos presos em nossas mentes. Domamos feras, o espaço, as profundezas dos mares, a ciência, mas vivemos aprisionados dentro de casa sem construir, conquistar ou viver de forma plena. Temos uma verdadeira bomba nuclear em nossas mentes e aqui quero mostrar como podemos usar, mas antes vou contar-lhe uma coisa.

Há 60 anos um estudante de medicina bateu um recorde dito impossível por todos os especialistas da época. Roger Bannister conseguiu correr uma milha em 3'59", até então todos diziam que seria impossível, que o corpo iria explodir. Ele acreditava que seria possível, pois o recorde anterior era de 4'01". Como dizia Ford, se você acha que algo é possível ou não, você está certo em ambas as respostas. Bannister acreditou que venceria esse recorde e o fez; o mais interessante é que seu recorde durou apenas 46 dias e, desde então, a marca já caiu cerca de 17 segundos. No que você acredita, que pode ou que não pode? Seja qual for a sua escolha, terá razão e assim será!

Aprenda a acionar seus motores

Podemos conquistar e vencer o que quisermos, mas ficamos limitados unicamente por nós mesmos. Existe um padrão de comportamento para podermos realizar o que quisermos, mas realmente apenas 5% da população consegue entrar no estado da ação. Quando servi ao exército, conheci uma pessoa com quem conversava muito. Apesar da pouca idade, ele era um cara fantástico. Conhecia sobre muita coisa e realizava muito naquela época, e de nossas muitas conversas na hora do almoço ou no café no Rancho do quartel, ele falou, num determinado dia, a respeito da técnica que os Samurais utilizavam para saírem do estado de sono profundo para o estado de combate em segundos. Pensei: "Nossa! A única forma de aquecimento que eu conheço é através de movimentos corporais como pular corda, correr e assim por diante". Ele explicou que quando Ninjas atacavam os senhores, os Samurais estavam lá para protegê-los, e para isso, precisavam estar prontos para o combate em segundos. Fiquei encantado e comecei a pesquisar o assunto desde 2000, e naquela época, internet residencial era algo bem complicado aqui no Brasil. Quinze anos depois foram lidos mais de 400 livros, não diretamente sobre esse tema, mas um tema foi puxando outro, que foi puxando outro, mas todos os livros e temas interligados, e meus "cobaias" foram os alunos, que obtiveram êxito em tudo que foram liderados por mim.

Algum tempo depois de pesquisar, lembrei de uma cena do filme Ghost de 1990 onde o fantasma que vive no metrô ensina ao fantasma de Patrick Swayze como tocar algo mesmo sendo um fantasma - esse trecho do filme serve para exemplificar como funciona se colocar em estado de ação ou de combate. O fantasma do metrô ensina que é preciso concentrar toda ira, toda raiva, toda emoção, toda vontade e que precisa vir de dentro da boca do estômago e agir.

Agora quero que você pare por alguns momentos a leitura e faça duas coisas: primeiro, uma análise depois um exercício. A análise é simples. Quero que você anote num papel cinco situações pelas quais passou, podem ser boas ou ruins. Ao lado de cada uma dessas situações, anote quatro ou cinco sentimentos/emoções que você teve durante essas situações e tente se lembrar qual foi sua ação a cada uma delas. Ao fazer essa análise, você conseguirá entender como poderemos nos colocar num outro estado.

Agora que já fez sua análise, quero que faça um exercício: feche os olhos e comece a respirar fundo, inspirando lentamente, segurando a respiração por dois segundos e expirando lentamente por alguns minutos. Depois disso, comece a imaginar que você está começando a realizar o seu sonho, seu objetivo, sua meta, (seja emagrecer, começar a nadar, aprender a andar de bicicleta, realizar um *triathlon*, jogar tênis, correr uma maratona ou seja lá qual for o seu objetivo). Tente realizar esse exercício em um local tranquilo, se desejar pode utilizar música ambiente, preferencialmente instrumental. Mantenha-se na posição sentada, confortável e, aos poucos, comece a imaginar seu início, seus treinamentos. Chegue até a competição, ao peso desejado ou a sua conquista. Visualize como vai se sentir quando conquistar esse objetivo, como as pessoas vão admirá-lo e o que irão pensar de você. Logo após a visualização da conquista, vá voltando, fazendo uma contagem lenta e regressiva, de dez até um, e a cada número que você conta, imagine que é um medo, um obstáculo, uma adversidade ou trauma que vai vencendo. Quando contar o número um, perceba o seu estado emocional de relaxamento. Com toda certeza se sentirá mais leve do que antes do exercício.

Esse exercício o mostrará como acionar as quatro turbinas do sucesso no esporte. A partir deste exercício, você entenderá o seu poder e o motivo disso é bem simples: a mente não sabe diferenciar o que é real do que é virtual. Quantas vezes você esteve jogando no videogame e parecia que estava dentro do jogo, ou lendo um livro e parecia real? Veja o sucesso "Cinquenta tons de cinza", quantas vezes ao assistir a um filme ou novela, ficou com raiva ou passou a amar e admirar algum personagem? A mente não diferencia o que é real do que é virtual.

Nas décadas de 80 e 90, um programa olímpico norte americano utilizou o programa de visualização do programa Espacial Apollo e aplicou em seus atletas. Por meio de aparelhos de eletromiografia, descobriram que mesmo estando imaginando como se estivessem nas provas, os mesmos músculos eram ativados, emitindo sinais. Nem preciso falar sobre os resultados dos EUA, não é mesmo? Vamos lá, pare agora a leitura e realize os exercícios antes de seguir em frente. Isso fará toda a diferença.

As quatro turbinas do sucesso esportivo

<u>Agora que você já aprendeu a entrar no estado de ação, e entendeu como funcionamos, vou mostrar como utilizar as quatro turbinas do sucesso esportivo e saúde.</u>

Sempre que alguém quer entrar na nossa equipe para treinar, faço algumas perguntas. Preciso saber se a pessoa quer realmente, ou se não sabe o que quer, e por meio de uma conversa, descubro e sempre dificulto sua entrada. Parece louco, não é mesmo? Mas há um motivo bem claro para mim. Quero comigo somente quem quer ter êxito no que está fazendo. Não adianta colocar todo mundo que me contatar, pois assim teríamos muita gente chateada e desmotivada por não seguir um programa de treinamento focado em resultados, então seleciono quem entrará na equipe, mesmo sendo uma equipe amadora.

Para entrar na equipe é preciso de quatro atitudes que eu batizei de turbinas do sucesso. Assim como um avião tem suas quatro turbinas para sustentar e deslocar no alto e todas têm igual valor, as turbinas do sucesso esportivo também têm o mesmo valor e todas as quatro têm uma relação interdependentes. As quatro turbinas: decisão, objetivos, comprometimento e rompimento.

Decisão

Só conseguimos realizar algo se tomarmos uma decisão verdadeira e não apenas por meio de palavras, mas precisa partir de dentro. Lembra-se do exemplo que mencionei do filme *Ghost*? Naturalmente temos uma grande resistência em mudar. Pare e pense quantas vezes já iniciou algo e não continuou, quantas vezes começou um livro, uma conversa com o cônjuge, um curso de inglês, atividades físicas, uma obra na sua casa, uma faxina, uma arrumação em casa, quantas contas, notas fiscais de anos têm guardado em casa sem nenhuma serventia?

> *"Quando a dor de não estar vivendo for maior que o medo da mudança, a pessoa muda."* Freud

Decida mudar de verdade e mude, mesmo sem saber como ou por onde começar. Inicie o movimento que, aos poucos, os caminhos, pessoas, ferramentas e demais recursos vão aparecendo na sua frente. É impressionante, parece mágica, mas não é, você só não pode iniciar e parar, reiniciar e parar novamente. Inicie e se mantenha firme na sua decisão.

Posso pedir um favor? Faça uma lista de cinco coisas que você decidiu, encarou tudo e todos e uma lista de cinco coisas que você começou e parou algumas vezes e ao lado de cada lista faça uma relação de adversidades e dificuldades que encarou em cada uma delas e os sentimentos que teve em cada uma delas, sentimentos nas que completou e sentimentos das que estão inacabadas, depois decida o que deseja!

Rompimento

> *"Quem anda com os sábios será sábio; mas o companheiro dos tolos sofre aflição."* Provérbios 13, 20.

A psicologia e sociologia nos presentearam com estudos que mostraram a grande capacidade do ambiente em nos influenciar, as cinco ou seis pessoas com quem mais nos relacionamos ou passamos a maior parte do nosso tempo são as que mais nos influenciam, mesmo sem sabermos, a boa notícia é que ela não é responsável pelos seus resultados, influencia mas não define seu resultado final.

Imagine aqui as cinco pessoas que mais o influenciam, são seu cônjuge, seu pai, sua mãe, sua irmã e um amigo de infância. Agora imagine que a alimentação deles é totalmente desregrada, a atividade física deles é somente aquela pelada de final de ano entre casados e solteiros, ou apenas uma pelada de fim de semana, gostam de dormir tarde e acordar tarde, dinheiro para atividade física é gastar dinheiro com besteira, ou ainda que fazer exercício vai cansar ainda mais e eles já trabalham muito e ficam muito cansados para se exercitar. Como você acha que quando tentar mudar ou seguir em frente você se sentirá? Culpado, pois está fazendo tudo diferente dos valores que sempre o ensinaram. Mas o certo é certo ainda que todos estejam fazendo o errado. Seus valores não precisam ser os mesmos das cinco ou seis pessoas com quem você mais se relaciona. O que você precisa fazer é romper com esses valores. Se são valores que não lhe fazem bem, mude, rompa com esses rituais nada salutares. Se os valores são contrários à sua dedicação e vontade de vencer no esporte, mude passe a conviver com atletas, comece a treinar numa equipe que tem hábitos e valores vitoriosos, mas rompa com esses valores apenas se você estiver decidido de verdade, caso não esteja decidido, nem adianta!

Objetivos

> *"Se você não sabe para qual porto está navegando, nenhum vento é favorável."* Sêneca

Você tomou uma decisão de vencer, emagrecer, mudar sua saúde, mudar sua vida por meio do esporte, além disso decidiu romper com os valores e hábitos que somente o atrapalham e agora precisa saber o que você quer de verdade e para onde ir, precisa de um norte, um propósito. Muita gente cai justamente por essa turbina estar fraca ou desligada e não saber o que é objetivo, mas vou explicar de forma breve aqui. Digamos que meu objetivo é viajar em direção sempre ao Norte e eu estou no Rio de Janeiro. Eu parti e algumas horas mais tarde ao Norte chego a Belo Horizonte. Continuando a viagem, algumas horas mais tarde ao norte chegarei a Belém. Muitas horas acima, mais ao norte, em Nova Iorque. Alguns dias depois, mais ao norte chegarei ao Brasil e continuarei o círculo indefinidamente. Se observar, fiz várias paradas, cada uma dessas paradas é uma meta intermediária, mas meu objetivo ou meu propósito é viajar ao Norte e isso é uma jornada contínua e eterna.

Você já começou a pensar onde é seu norte? Então vamos definir? Como já percebeu, é importante anotar. Apenas praticando conseguirá evoluir e ter êxito e seus objetivos.

Comprometimento

> *"Nós somos aquilo que fazemos repetidamente. Excelência, então, não é um modo de agir, mas um hábito."* Aristóteles

Agora você já ligou as três turbinas decisão, rompimento e objetivos, agora falta apenas a do comprometimento. De nada adiantará decidir mudar, romper com o que o atrapalha a definir seus objetivos e, ao mesmo tempo, não ligar a turbina do comprometimento. Compromissos nos fazem mudar de verdade. Se você se compromete com seus objetivos, você se planeja melhor e diariamente, então sobra mais tempo e fica menos cansado. Com mais tempo, você dorme mais cedo por ter decidido mudar e nas mudanças incluiu reduzir seu tempo na TV, desperdiçado na Internet, jogando conversa fora. Se você dorme mais cedo, sua energia, humor, saúde, produtividade e criatividade vão melhorar muito! É uma reação em cadeia, assim como o avião que desliga uma turbina sobrecarrega as outras três e há a possibilidade de queda, mas caso decida religar a quarta turbina o equilíbrio retornará, mas muita energia será jogada fora para reestabelecer, então é muito mais simples, barato, fácil e divertido manter todas as quatro turbinas ligadas ao mesmo tempo.

Bom voo e se lembre de ligar as quatro turbinas em direção ao sucesso esportivo e saúde.

21

Saúde-se

Saudar-se é salutar,
então saúde-se!

Mônica Petrocelli

Mônica Petrocelli

Estuda Yoga, Yogaterapia e Filosofia Védica desde 1996. Atua em projetos de Qualidade de Vida desde 1997. Experiência em consultoria de empresas pela PwC, IBM, Neoris e Indra; consultora de Gestão de Mudanças - certificada pelo HUCMBok; Coach pela Sociedade Brasileira de Coaching; Gestão da Qualidade; Pós-Graduada em Gestão Estratégica pela UCM; Pós Graduada em Ciência do Yoga pelo-IBMR; Graduada em Letras pela UGF. Estudou na Índia entre 2003 e 2005.

Contatos
monicapetrocelli@darshans.com.br
Site: petrocelli.com.br
Blog: http://blog.monicapetrocelli.com.br/
(21) 98875-4871

Mônica Petrocelli

Somos atraídos por uma força externa que nos divide e separa. Essa força é intensificada pelas pressões do mundo externo. Dentro de nós há também uma grande força para nos unir. A força externa, em desequilíbrio, faz com que nos sabotemos buscando soluções paliativas para nossos problemas, fazendo com que não percebamos a força interna que nos une a nós mesmos. Nossa liberdade não depende apenas do equilíbrio das duas forças, mas de uma visão realmente holística do homem nos níveis físico, mental e espiritual. A prática do Yoga nos leva à consciência dos nossos estados físicos, emocionais e mentais, bem como propicia maior atenção para nossos alertas naturais, tais como a dor e o estresse que, por sua vez, precisam ser tratados com disciplina e respeito aos limites do corpo físico, consciência dos movimentos respiratório, muscular, articular e mental. Utilizando os meios certos, nosso corpo tem o potencial de produzir, não só as substâncias necessárias para a nossa proteção, mas para organizar a nossa estrutura física. Devemos compreender que dor e estresse são aliados e não devem ser eliminados, mas bem administrados.

Devido a necessidades óbvias, a medicina tradicional busca conhecer as patologias para preveni-las, curá-las ou amenizá-las. Com esse objetivo, vem desenvolvendo fórmulas para lidar com a doença já existente. E de acordo com essa mentalidade, o homem ocidental transferiu a responsabilidade da sua saúde para os médicos e esses assumiram o compromisso de curá-lo. São desenvolvidas fórmulas para tratar doenças, mas essas fórmulas logo são superadas ou perdem o efeito, como os antibióticos, que interferem na competição natural entre as bactérias, criando condição para ação de uma bactéria resistente. Mas, então, a racionalidade do homem estaria produzindo um resultado irracional? Ou será que existe uma outra racionalidade humana (a verdadeira racionalidade), que age não interferindo na natureza, mas sim de acordo com ela?

Não cabe aqui tratar da patologia, mas, ao contrário, realizar uma reflexão sobre a questão da importância do autoconhecimento, visando à profilaxia e o equilíbrio do homem nos aspectos físico, mental, emocional e aos reflexos deste equilíbrio na sua saúde integral.

Associamos a nossa felicidade a coisas externas, que pensamos ter sob controle e, com esta sensação de controle, vem o estresse. Envolvidos pelo estresse mal administrado, permitimos que nossa saúde seja afetada. O conhecimento de si mesmo favorece a boa administração do estresse. Porém, a evolução do autoconhecimento dependerá de uma firme consciência da sua importância, do nosso empenho e autodisciplina no aprendizado sobre nós mesmos. Em primeiro lugar é necessário resgatar as consciências física e respiratória para as quais o Yoga servirá de base.

Yoga é autoconhecimento, é "re-ligação", é a "re-união" do que está separado, é desfragmentação, é prevenção, desde que haja disciplina, compromisso consigo mesmo e com todos os papéis que a vida nos impõe.

Segundo a literatura médica, estresse é a resposta de luta ou fuga do nosso sistema, ou seja, quando nos vemos em situação de perigo, o organismo imediatamente reage preparando-nos para lutar ou fugir da situação. Estresse é uma reação de alarme natural e sadia porque nos remete à autodefesa, nos dando acesso a armas naturais para a luta pela sobrevivência.

Como o corpo reage no momento de estresse?

Em casos de estresse, ocorre um aumento da frequência dos batimentos cardíacos; aceleração da respiração, favorecendo maior oxigenação do sangue; o fluxo sanguíneo das vísceras é desviado para o cérebro, onde a necessidade de irrigação é maior; as funções vitais, como a digestão, são adiadas; as ondas cerebrais se aceleram; os músculos se contraem aumentando sua resistência aos impactos da luta e favorecendo a corrida quando a decisão é a fuga; aumenta a produção de leucócitos prevendo possíveis infecções; os vasos sanguíneos próximos à face se contraem tornando-a pálida; o tempo da coagulação é reduzido; a transpiração aumenta para refrescar o corpo; a resistência elétrica da pele é reduzida minimizando momentaneamente a dor de possíveis impactos; as pupilas se dilatam ampliando o campo de visão. Este conjunto de atividades, quando em um organismo sadio, permanece apenas durante o tempo da situação de ameaça, pois o seu objetivo é preservar a vida. Contudo o que tem ocorrido no modelo de vida que levamos é a permanência deste estado em tempo integral, ou seja, inconscientemente o homem se sente ameaçado na maior parte do tempo. Em 1946, o Dr. Selye classificou os seguintes estágios: Eustresse, Distresse, Hipoestresse, Hiperstresse, e os interpretou da seguinte forma: Eustresse é o estresse saudável que nos motiva a agir em uma determinada situação. Isso significa que o estresse pode ser benéfico à saúde. Hipoestresse é o estresse gerenciado, controlado: a busca da Qualidade de Vida. Distresse é o resultado do estresse mal administrado, um estado de tensão constante e destrutivo. O corpo desenvolve recursos próprios para lidar com o permanente estado de alerta e a ação é paralisada. Hiperestresse é a perda do controle da situação e torna-se patológico. São consequências do distresse: preocupação excessiva com o cotidiano, irritabilidade, insônia, dores musculares, cefaleias frequentes, falta de entusiasmo, gripes, várias doenças terminadas em "ite", hipertensão, cardiopatias, gastrites, úlceras, exaustão etc. Para administrar o estresse você precisa: respirar melhor, alongar-se, relaxar, tranquilizar as oscilações mentais ou, em outras palavras, higiene mental, ler, meditar, ouvir música e procurar fazer outras coisas que realmente goste. É necessário esclarecer ainda que o excesso prazer, alegria e êxtase também podem causar a reação de alarme ou estresse.

Se interferíssemos menos na nossa natureza, teríamos, certamente, maiores benefícios. Obviamente, essa afirmação não é plausível sem que façamos um trabalho de conscientização e avaliação dos nossos limites, uma vez que estamos carregados de preconceitos e mitos sobre a nossa saúde. A dor crônica pode associar-se a um estado permanente de estresse e, obviamente, essa associação não é agradável. Porém, devemos observar que são reações naturais que solicitam nossa atenção e, a princípio, depende de cada um de nós buscar a solução. Pesquisei alguns artigos e sites científicos de medicina tradicional e de saúde em geral e encontrei uma diversidade de médicos, neurologistas, entre outros, com opiniões favoráveis e contrárias sobre o tema abordado neste capítulo. Entre os temas encontrados, uma sugestão de tratamento me chamou atenção: "Tratamentos não Medicamentosos". Percebi que muitas das técnicas aplicadas nesses tipos de tratamentos tinham como base movimentos de conscientização, sem mencionar o nome das técnicas utilizadas: podemos associá-las diretamente aos ásanas e pranayamas que utilizamos no Yoga, enquanto os médicos as chamam de exercícios profiláticos. Sendo a profilaxia uma forma de prevenção, esses textos descrevem a importância da consciência física e mental no tratamento da dor crônica e das doenças psicossomáticas. Diversas fontes descrevem as consciências física, respiratória e mental como as formas mais eficazes de não se chegar a complicações na saúde.

O Jornal da Associação Brasileira de Portadores de Dor de Cabeça escreveu: "A respiração aplicada de forma consciente e objetiva, pode desempenhar papel muito mais importante do que o simples fato de deixar que o corpo absorva o ar que necessita. Através de um treinamento sistemático do ato de respirar, o praticante poderá se beneficiar pelo bem estar que alcançará com esta técnica. (...) Serve também para a prevenção de doenças como cefaleias, ao conduzir o homem ao seu interior, relaxando-o. (...) Pesquisas revelam que a maioria dos portadores de dor de cabeça não pratica relaxamentos eficazes, o que só vem a aumentar a ansiedade, o estresse, a tensão, a contratura nos grupamentos musculares dos ombros, pescoço e couro cabeludo. Portanto, dê uma pausa no seu dia para exercícios respiratórios e aprenda a reduzir suas tensões."

Sobre a Incrível Arte de Respirar A única coisa que sabemos fazer ao nascer é respirar e o fazemos bem feito. No entanto, ao longo da vida, vamos desaprendendo. Daí o início dos nossos problemas. Respirar corretamente contribui para o relaxamento, pois além de movimentar os grupos musculares associados à respiração, recebemos um volume maior de oxigênio que auxiliará na limpeza das toxinas de todo organismo. É incrível como não percebemos o quanto a respiração interfere em nossa rigidez ou relaxamento muscular, no acesso às emoções, nas necessidades fisiológicas diárias etc. Observe que a respiração se altera em vários momentos do nosso dia: momentos de fragilidade, ansiedade, felicidade, tristeza, angústia, paixões, medos, dores físicas ou emocionais. A respiração consciente é vital para uma vida saudável. Por quê? Ao estarmos conscientes da nossa respiração, relaxamos com maior facilidade. No tratado de Yoga de Patanjali há uma introdução aos Pranayamas que significa: Prana=energia vital, Ayama=esticar, alongar, controlar, disciplinar. Patanjali destaca a importância da expiração e retenção da expiração, cujo objetivo é limpeza. Essa prática é preliminar e deverá anteceder a prática dos demais pranayamas. Existem dois pontos básicos, os mais importantes para o homem sedentário, que devem ser observados:

1º) São três os principais grupos musculares da respiração e esses influenciam no movimento sistólico e diastólico do pulmão. São eles: abdominais e diafragma - parte baixa dos pulmões, seguido pelos intercostais internos e externos - parte média e, por último, os ápices pulmonares (esternocleidomastoideos) ou parte alta do pulmão;

2º) A respiração se dá em quatro tempos: 1) inspiração, 2) pausa de pulmões cheios, 3) expiração, 4) pausa de pulmões vazios.

Na verdade, a respiração deve fluir de forma eficaz e saudável, pois serve para limpar o sangue através da inspiração levando o oxigênio para os pulmões, que agem como um filtro transformando o sangue venoso em arterial, que por sua vez contém hemácias que irão transportar o oxigênio por todo o corpo, através da circulação, retirando as toxinas, limpando-o e retornando ao pulmão novamente como sangue venoso, onde se dará início a um novo ciclo.

Experimente agora: feche os olhos e leve toda sua atenção para a sua respiração. Inspire profundamente; faça uma pausa de dois segundos com os pulmões cheios e solte o ar lentamente, liberando toda tensão de seus ombros; volte a inspirar profundamente, pausa de dois segundos com pulmões cheios e solte o ar. Não interfira, deixe que o seu pulmão conduza, pois ele sabe do que o seu corpo precisa; quanto a você, apenas observe, tente perceber o que acontece ao seu corpo; fique atento ao movimento dos músculos envolvidos na respiração. É difícil não interferir, não é? Procure perceber a sensação de bem estar e potencialize esta sensação: inspire, pausa, expire, pausa.

Mônica Petrocelli

Aproveite este breve exercício para observar-se, faça uso do seu poder e tire suas próprias conclusões. Nossos únicos poderes reais são: conhecer a nós mesmos e decidir o que fazer agora, neste momento. Então aproveite sua respiração e fique por um instante consigo mesmo e verá que respirar é uma grande obra de arte concedida pela natureza a todos os seres vivos. Assim, usufrua dela com sabedoria. Esta respiração que você acabou de praticar é conhecida por respiração yoguica e, ao praticá-la, desenvolvemos consciência respiratória e renovamos a energia vital, em outras palavras, oxigenação consciente do sangue arterial, que é responsável pela limpeza de todo o corpo físico. Mas este ainda não é o objetivo final.

Após a consciência respiratória, pode-se dar início à prática de pranayamas, mas, antes da execução de qualquer pranayama, é realmente importante que você tenha aprendido a observar se a sua respiração está tranquila e uniforme.

Yoga prepara o corpo para a meditação e ninguém consegue meditar quando existem distúrbios respiratórios e incômodos físicos. Os Yoga Sutras organizam as práticas que conduzem a uma boa meditação. Patanjali sugere que o pranayama deve ser precedido pelos ásanas, que são posturas psico-físicas e que nos habilitará à prática do pranayama, uma vez que os ásanas regularão as correntes prânicas do corpo. Os ásanas são o primeiro passo para despertar a percepção de nossas forças internas, o pranayama nos reporta a um nível ainda mais sutil. Segundo a cultura yoguica, o homem absorve prana principalmente pelas narinas, seguido pelos pulmões, depois pela língua e, por último, pela pele. A importância do uso das narinas se expressa, tanto pela respiração, como pelo sentido do olfato, que é pouco usado pelo homem. Há uma estreita ligação entre a mente e as fossas nasais. Por isso, no Yoga, existem pouquíssimos pranayamas com a utilização da boca. Segundo algumas pesquisas médicas, a retenção respiratória é benéfica à saúde, mas pode ser fatal quando o praticante possui problemas cardíacos ou quando é mal praticada. O pranayama mal praticado, sem orientação adequada, pode provocar distúrbios orgânicos e desequilíbrios psíquicos. Por isso é importante buscar uma boa orientação e um bom instrutor de yoga. Se conseguirmos observar nossa respiração quando em estado de estresse, perceberemos que ela está intimamente relacionada às nossas emoções. Sensações como medo, tristeza e até a alegria, alteram nosso ritmo respiratório. Portanto, através de práticas respiratórias, podemos amenizar os estados emocionais. Alguns autores defendem que o número de respirações por minuto está relacionado à velocidade dos pensamentos que passam em nossa mente, ou seja, quanto melhor o fluxo respiratório, mais tranquila a mente estará e vice-versa.

Trataremos agora de algumas práticas tradicionais e importantes do Yoga:

Samavritti pranayama - Respiração quadrada

Após termos aprendido que para respirar é preciso utilizar os três grupos musculares, vamos levar nossa atenção para as fases da nossa respiração.

A cultura yoguica distingue quatro fases na respiração:
1. Rechaka – Expiração;
2. Sunyaka - retenção com os pulmões vazios = PV;
3. Puraka – inspiração;
4. Kumbaka - retenção com os pulmões cheios = PC.

Conscientes dos pontos básicos mencionados acima, iniciamos a observação mais apurada das nossas dificuldades, dos nossos limites.

O tempo de inspiração, Pulmões Vazios - PV, expiração e Pulmões Cheios-PC são contados igualmente. Ao inspirar, conte o tempo: inspire contando: 1, 2, 3, 4; Pausa PC, contando: 1, 2, 3, 4; Expire contando 1, 2, 3, 4; Pulmão Vazio conte: 1, 2, 3, 4. Repita dez vezes.

Relaxamento - Yoga Nidrá: Nidrá significa sonho ou sono - o Sono do Yoga. Consiste numa série que nos leva a liberar o inconsciente, trazendo-o a um nível consciente sem passar pelo processo analítico ou terapêutico, o que faz de Yoga Nidrá uma terapia própria do Yoga. Yoga Nidrá tem como objetivo a conscientização sem identificação das sensações causadas pela mente, sejam sofrimento, alegrias, tristezas etc.

Essa técnica de relaxamento nos leva a entrar em contato com nossas dores, sofrimentos, alegrias, tristezas, angústias e medos sem que nos identifiquemos com eles durante o processo de relaxamento.

Meditação - Dhyana: A palavra sânscrita Dhyana significa meditar - acalmar as oscilações mentais. Para meditar, passamos por um estágio de educação da mente até que consigamos atingir o real estado meditativo e, como todo processo educativo, é preciso que sejamos complacentes e não condescendentes com nossos erros. É preciso paciência, tempo, disciplina, e ter disciplina requer compromisso e responsabilidade.

Destaco aqui Dhammapada (2002): "Não há meditação sem sabedoria, não há sabedoria sem meditação. Aquele que tem ambos, sabedoria e meditação, está próximo da paz e da liberação".

Devemos desenvolver a consciência que nos leva a retornar ao estado de eustress. Vimos aqui que Yoga é um meio de nos conscientizarmos e observarmos que há uma ordem maior que a tudo conduz e que, se caminharmos ao lado e não contra esta ordem, poderemos nos beneficiar e talvez, quem sabe, encontrar uma direção mais coerente que nos levará à felicidade que é a premissa básica de todo ser vivente. Essa ordem à qual me refiro é nada mais nada menos que natureza, a nossa natureza individual. Namastê!

22

Treinamento psicológico: melhore o desempenho e atinja o seu pico de performance

O programa de treinamento de atletas normalmente consiste em preparação física, treino técnico e acompanhamento de sua saúde e alimentação. Então, um atleta com todos estes atributos é forte candidato a ser um dos melhores da sua categoria, certo? Nem sempre. Por isso, falarei sobre como identificar as habilidades psicológicas que precisam ser desenvolvidas para atingir o seu pico de performance

Renata de Azevedo

Renata de Azevedo

Psicóloga (CRP 05/39594), graduada pela UFRJ, Especialista em Ciências da Performance Humana (UFRJ) e com Formação em Psicologia do Esporte. É bailarina, formada pelo Curso Profissionalizante da Escola de Dança Petite Danse. Possui 15 anos de experiência nas modalidades Jazz, Ballet e Zouk. Integrou a Companhia de Jazz da Escola de Dança Petite Danse, participando de diversos espetáculos, festivais, audições, Jogos Panamericanos (RJ), programas de TV e apresentação de um espetáculo em Walt Disney World (EUA). Fez aulas de Jazz e de Horton nas escolas Steps on Broadway e Alvin Ailey American Dance Theater (NY - EUA). Foi professora de Jazz durante cinco anos. Criou e implementou o programa "Arrase na Dança!", um treinamento de habilidades psicológicas para bailarinos de todas as modalidades e níveis técnicos, com o objetivo de melhorar o desempenho, atingindo o pico de performance.

Contatos
www.arrasenadanca.com.br
contato@arrasenadanca.com.br
(21) 99606-4593

Renata de Azevedo

Quantas vezes você já ouviu de atletas atribuírem o seu mau desempenho à falta de concentração, ansiedade, pressão ou falta de motivação por problemas do clube? Quantas vezes já viu bons atletas terem melhor desempenho em competições menos importantes do que nas mais importantes? E atletas com dificuldade a retomar o seu bom rendimento após a recuperação de uma lesão? Em todos estes exemplos, o problema está nas habilidades psicológicas e não nas físicas ou técnicas.

As habilidades psicológicas exercem grande influência na performance, podendo levar ao fracasso ou ao sucesso. Se um atleta já adquiriu determinada habilidade, por que às vezes não consegue executá-la? Por exemplo, um jogador de futebol que chuta um pênalti para fora em um jogo decisivo. Este jogador já adquiriu a habilidade de bater pênalti de forma satisfatória, mas não conseguiu ter sucesso em uma situação de pressão. Neste caso, o problema está nos fatores psicológicos. Estes são os principais responsáveis pela variação de desempenho de uma habilidade já aprendida. Portanto, também devem ser treinados, fazendo parte da rotina do atleta. Chamamos este treino de treinamento de habilidades psicológicas. Consiste em desenvolver as habilidades mentais que são importantes para a atividade física em questão, com o objetivo de melhorar o desempenho para que o atleta consiga render o melhor de si, atingindo com frequência o seu pico de performance. Além disso, possui, também, o objetivo de aumentar a satisfação com o esporte e promover enriquecimento pessoal e profissional.

É importante enfatizar que os treinamentos físicos, técnicos e psicológicos se complementam, sendo os três de suma importância para melhorar o desempenho. Desta forma, um atleta que treina todos os dias vai se desenvolver mais e mais rápido do que aquele que treina apenas uma vez por semana. O mesmo acontece com as habilidades psicológicas, sendo necessário treinamento constante, pois somente com a prática as habilidades são desenvolvidas. Quando um atleta está bem preparado em todas estas áreas, o resultado tende a ser um desempenho fantástico.

Comparado com o tempo de treinamento técnico, o treino psicológico não necessita do investimento de tantas horas diárias, mas a frequência é necessária. Deve-se lembrar de que as limitações técnicas e físicas precisam ser respeitadas. Se um atleta ainda não domina a habilidade de arremessar livremente e tem um índice de acerto de 10%, este índice não aumentará para 90% apenas com o treinamento psicológico, mas este será um grande facilitador do seu aprendizado e desenvolvimento, fazendo com que a meta seja atingida com mais rapidez.

Este treinamento pode ser usado para qualquer modalidade de atividade física e para atletas de todos os níveis, desde praticantes que visam apenas o bem-estar e a saúde até atletas olímpicos.

Nunca é cedo ou tarde demais para iniciar o treinamento. Quanto mais cedo começar o programa, mais dificuldades podem ser evitadas. O único pré-requisito é a vontade de melhorar a sua performance e se comprometer com isso. O tempo destinado a este treino varia de acordo com a disponibilidade de cada um.

O programa de treinamento é individualizado, pois cada atleta tem habilidades diferentes a desenvolver. Dentre elas, podemos destacar concentração, atenção, controle da ansiedade, controle de pensamentos negativos, confiança, reabilitação de lesões, etc.

Desta forma, o primeiro passo é identificar as habilidades e comportamentos que são positivos e quais são necessários mudar para melhorar a performance. Para isso, R. J. Butler (1989) desenvolveu uma ferramenta muito interessante que é o perfil de desempenho. Como as habilidades psicológicas não são mensuráveis, os atletas podem não dar tanto valor a elas quanto dão às habilidades físicas, por serem mensuráveis. É mais fácil perceber as melhorias obtidas na flexibilidade devido ao aumento do grau de abertura da perna do que a diminuição da ansiedade, já que esta não pode ser medida objetivamente. Este perfil é a representação gráfica de como o atleta percebe a sua habilidade com relação a diversos fatores que influenciam na performance.

Para isso, o atleta deve responder a pergunta: em sua opinião, quais são as características e habilidades que um atleta de elite da sua modalidade possui? É importante levar em consideração os fatores pessoais, físicos e técnicos que influenciam no esporte em questão. Em seguida, ele deve se autoavaliar com relação a essas características. Assim, identificamos quais áreas estão menos desenvolvidas e precisam ser trabalhadas e quais estão mais desenvolvidas, indicando as suas forças. Dessa forma, podemos criar estratégias para melhorar os seus pontos fracos e explorar mais os seus pontos fortes, usando-os a seu favor.

Além de traçar este panorama, o perfil de desempenho ajuda a aumentar a motivação do atleta para aderir e permanecer no treinamento e ajuda na avaliação do programa, identificando quais áreas foram mais desenvolvidas.

Com base nesta teoria e em outras áreas da Psicologia do Esporte, criei e implementei o programa "Arrase na Dança!", um treinamento de habilidades psicológicas voltado para bailarinos.

Por conta da minha experiência de 15 anos com dança, percebi que, assim como nos esportes, os bailarinos possuem uma enorme carga de treinamento técnico e pouquíssimo treinamento psicológico. Medo de palco, competições (dentro da própria companhia e entre companhias), alto nível de exigência, grande controle do peso, reabilitação de lesões e *burnout* são alguns exemplos de questões que circundam neste meio.

Dentro do programa, utilizo três perfis de desempenho: pessoal, físico e técnico. Foram adaptados do livro P*sychology of Dance* de Jim Taylor e Ceci Taylor e são baseados nas habilidades que influenciam na dança, mas podem ser facilmente adaptadas a qualquer esporte, listando as características que você acha que um atleta de elite, da sua modalidade, possui.

No perfil pessoal estão listados fatores psicológicos, emocionais e sociais que são importantes para a performance. O bailarino deve se avaliar atualmente (de 1 a 10) em cada fator listado e marcar no gráfico.

- **Confiança** – o quanto você acredita na sua capacidade de fazer o seu melhor durante uma performance. (1: nada; 10: muito)
- **Motivação** – o seu grau de motivação para treinar e se apresentar. (1: muito baixo; 10: muito alto)
- **Ansiedade** – sua capacidade de alcançar e manter a sua ansiedade ideal durante a apresentação. (1: pobre; 10: ideal)
- **Entendimento** – o quanto você sabe quais são as habilidades que você precisa para desenvolver cada vez mais a sua performance. (1: nada; 10: completamente)
- **Treinamento** – o quanto você é a capaz de colocar 100% de foco e intensidade nos seus treinos. (1: 0%; 10: 100%)
- **Suporte social** – o quanto de suporte social você recebe do seu professor, outros bailarinos, família e amigos. (1: nenhum; 10: considerável)

Coaching Esportivo & Saúde

- **Performance** – o quanto você é capaz de dançar em uma apresentação, comparado ao quanto você é capaz de dançar nos ensaios. (1: muito pior; 10: muito melhor)
- **Habilidades mentais** – o quanto você usa as habilidades mentais para seus treinos e apresentações. (1: nada; 10: muito)
- **Foco** – o quanto você se mantém focado durante uma performance. (1: distraído; 10: muito focado)
- **Comprometimento** – o quanto você segue o seu programa de treinamento. (1: muito pouco; 10: completamente)

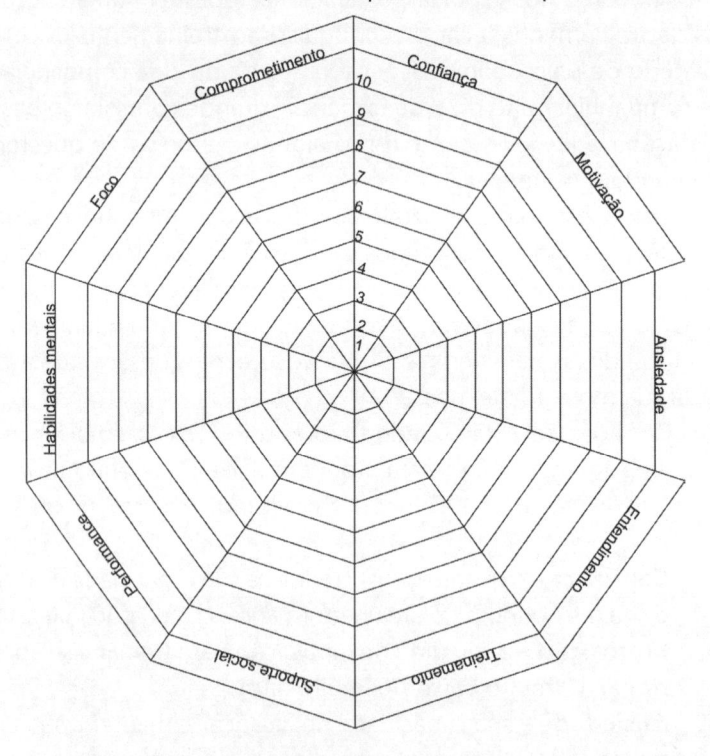

No perfil físico, o bailarino deve se avaliar atualmente (de 1 a 10) em cada fator listado e marcar no gráfico.

- **Coordenação** – habilidade de executar movimentos e passos complexos, coordenando braços, pernas, cabeça etc. (1: pouca; 10: excelente)
- **Musicalidade** – habilidade de executar movimentos e passos na música e com outros bailarinos. Ex: *pas de deux* (1: pouca; 10: excelente)

- **Flexibilidade** – habilidade do músculo se alongar. (1: pouca; 10: excelente)
- **Equilíbrio** – habilidade de se manter em equilíbrio durante os movimentos. (1: pouca; 10: excelente)
- **Tolerância à dor** – habilidade de suportar a dor, o desconforto e os machucados nos treinos e apresentações. Ex: na sapatilha de ponta (1: pouca; 10: excelente)
- **Saúde** – grau e quantidade de machucados, doenças ou fadiga que você tem. Ex: joelho machucado, gripe (1: pouca saúde, muitos machucados ou doenças; 10: excelente saúde, poucos machucados ou doenças)
- **Sono** – se você está dormindo bem. (1: mal; 10: excelente)
- **Alimentação** – você se alimenta corretamente e está com peso adequado para a dança. Ex: pouca gordura, peso saudável (1: mal; 10: excelente)
- **Força** – o quanto de força você consegue fazer para realizar bem os passos. (1: pouca; 10: muita)
- **Agilidade** – capacidade de executar movimentos rápidos e ligeiros com mudanças nas direções. (1: pouca; 10: muita)

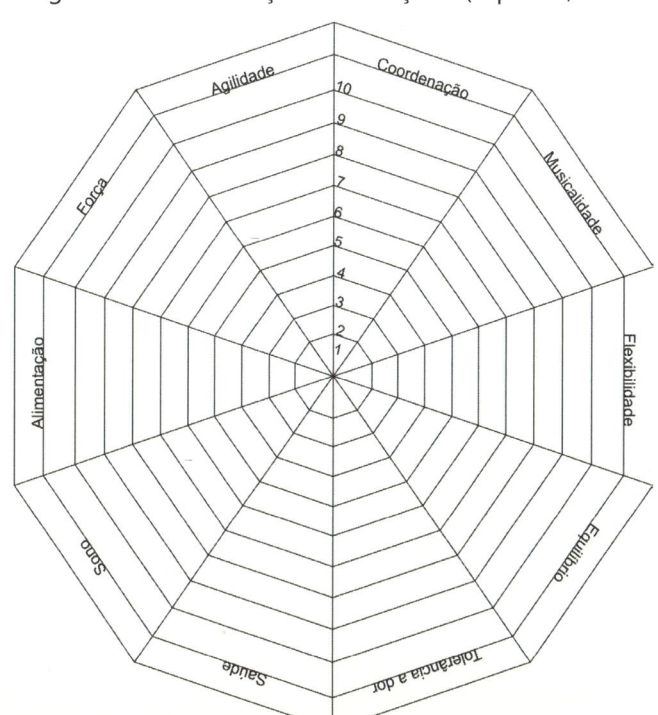

Coaching Esportivo & Saúde

No perfil técnico, o bailarino deve completar cada sessão da escala com as habilidades técnicas que são importantes para a sua performance. Essas habilidades irão variar de acordo com a modalidade de dança e o nível técnico do bailarino. Em seguida, ele deve completar a escala indicando como se avalia atualmente (de 1: menor habilidade a 10: maior habilidade) em cada fator. As habilidades técnicas listadas abaixo são apenas sugestões e podem ser livremente trocadas.

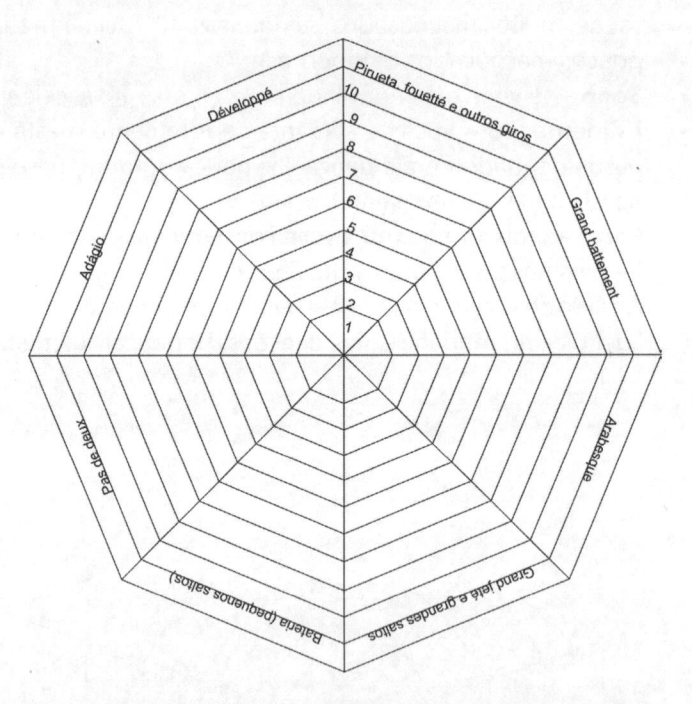

Estes perfis são exemplos para que cada atleta adapte-os ao seu esporte. Com o treinamento adequado, você alcançará as suas metas com mais rapidez, terá mais prazer e motivação e atingirá o seu pico de performance.

23

Yoga – alta performance para vencer nos esportes e na vida

O yoga compreende o ser de forma integral, aspecto humano tão em evidência nos últimos tempos. Muitas pessoas têm nos procurado em busca de soluções para questões específicas, pontuais. Formatamos um trabalho de orientação personalizada, incluindo práticas físicas e energéticas que, antes de tudo, despertam no cliente a consciência da correlação de todas as áreas de sua vida

Renilson Alves Durães

Renilson Alves Durães

Terapeuta Corporal e Motivacional, Professor de Yoga, com 30 anos de experiência. *Coach* Mentor ISOR pelo Instituto Holos e consultor nas áreas de psicoterapias corporais e Yoga. *Practitioner* em PNL e graduado em Filosofia. Autor e executor do projeto Terapia Corporal Comunitária, desenvolvido em Unidades de Atenção Básica em Saúde. Criador e instrutor dos *workshops* "Respiração – Aprimorando o Ato Fundamental da Vida" e "Gerencie o Estresse e Reduza a Ansiedade", do curso de massagem terapêutica "O Toque Essencial" e da "Terapia Corporal Sistêmica". Autor dos CDs Relaxamento e Visualização Criativa, Relaxamento e Reprogramação Emocional e do DVD Yogaterapia – Vol I. Palestrante interativo, ministrando oficinas corporais em instituições públicas e privadas, datas comemorativas ou temáticas, eventos culturais e artísticos. Participa ativamente do Salão Nacional de Poesia, Psiu Poético, há 28 edições; cocriador do grupo de teatro, literatura e expressão corporal Transa Poética; participante com oficinas de expressão corporal e performance no Belô-Poético.

Contatos
www.rdnucleo.com
rduraes68@gmail.com; rduraes@rdnucleo.com
(38) 3213-0057 / 9102-9063 / 9219-4580

Renilson Alves Durães

Quando conheci o yoga, no início da minha vida adulta, fiquei bastante entusiasmado com a novidade e praticava os ensinamentos com muita dedicação. Era minha única atividade física. Muito tímido, tinha poucos amigos e dificuldade de admissão nos grupos sociais. Mas com o yoga eu logo me identifiquei, pressentia que aquilo poderia me ajudar. Era como se um mundo novo se descortinasse à minha frente. E, de fato, com algum tempo de prática, percebi os resultados no corpo e principalmente na dimensão emocional. Estava mais forte fisicamente, com mais energia, autoestima e ainda melhorei minha relação com o público.

Tive muitas experiências interessantes. Certa vez resolvi participar de uma corrida com um grande atleta da minha cidade. Um desafio e tanto, pois não sabia nada de corrida. Em pouco tempo, ele quis saber o que estava acontecendo, pois eu, que nunca tinha corrido, deixei-o para trás com relativa facilidade. Expliquei que estava experimentando o que aprendera sobre os respiratórios. Enquanto corria, concentrei-me na respiração consciente e diafragmática. Ganhei leveza, ritmo e demorei a ficar cansado.

Sobre yoga

Há muitas especulações sobre o que é e o que não é yoga. A melhor forma de compreender é praticando, sentindo os efeitos no corpo e concluindo a partir da experiência. Em 100% dos casos a pessoa refaz o seu conceito. Não há imposições ou dogmas e as pessoas que fazem yoga podem levar uma vida absolutamente comum, não sendo constrangidas a abrir mão de nada e mesmo assim usufruem de muitos benefícios. No entanto, algumas se dedicam mais, aprofundam na prática e nos estudos, passam a compreender a importância de todos os passos, abraçam um novo estilo ou filosofia de vida, mudam hábitos e comportamentos e obtêm resultados realmente extraordinários.

De qualquer forma, já não é novidade para o praticante que o yoga interfere nos principais pilares que sustentam a vida humana, levando melhorias aos aspectos de ordem física, mental e espiritual, pessoal, social e até profissional. Originalmente, a principal meta do yoga é o que o sábio Patañjali chamou de *samadhi*, ou estado de iluminação interior. Na verdade, uma abstração dos sentidos físicos, expandindo e integrando a consciência individual à consciência cósmica. Segundo a Brama Kumaris, nossa alma original é cheia de virtudes e bons sentimentos, mas nossos comportamentos e atitudes ainda não refletem essa condição, desviando-nos da nossa verdadeira essência. Temos falhas e muitos problemas e o retorno a esse estado é o nosso desafio.

Aliás, para o oriental, a doença é exatamente o distanciamento da essência divina, desequilibrando a mente e as funções naturais do corpo. Com equilíbrio ou perfeita conexão, haverá disposição, bem-estar e raramente a doença virá. E ainda que a doença ocorra, o equilíbrio precisa ser mantido a fim de compreender seu processo, reduzir o sofrimento em decorrência da enfermidade e evitar o agravamento dos sintomas.

O oriental compara a mente a um cocheiro e seu tropel de cavalos, ou pensamentos desordenados, que puxam para qualquer lado e podem fazer tombar a carruagem. A forma como compreendemos, agimos ou reagimos aos acontecimentos da vida expressam muito do que há na mente. Pesquisas concluíram que, quando não se tem controle sobre os pensamentos, as emoções oscilam. A mente até pode vaguear por aí, desde que a pessoa detenha as rédeas firmes. Fazer um monte de coisas mentalmente e envolver-se em preocupações e queixas, deixa a cabeça agitada e o corpo pode ficar tenso, dolorido, cansado e sem energia. Daí outros sintomas aparecem.

Segundo Goleman (2014), não é a conversa ao redor e os barulhos externos que mais têm poder de nos distrair, mas a conversa da mente. A ideia não é deixar de pensar, mas ser capaz de coordenar os pensamentos, escolhê-los em função do seu devido valor e ser capaz de substituí-los quando necessário e conveniente, não permitindo que a mente entre em conflito, que dramas imaginários, pensamentos pessimistas, sentimentos de menos-valia, medo ou culpa dominem o indivíduo, principalmente em momentos cruciais, de tomada de decisões rápidas e assertivas.

Para ter longevidade com boa saúde – porque sem isso não é interessante – o mais importante é o que as pessoas fazem ou deixam de fazer, suas escolhas, atitudes e estilo de vida. É por isso que dizemos que a manutenção da saúde está em nossas mãos. A recuperação da saúde, quase sempre, depende de recursos externos, como médicos e outros profissionais, medicamentos e dinheiro. Mas a forma como nós percebemos a vida e como agimos e reagimos aos fatos do cotidiano está em nossas mãos. É indispensável manter-se intelectualmente ativo – atividade física regular para qualquer idade, sono e alimentação saudável, se possível, orgânica, essas coisas que todos já sabem. Porém, é preciso tomar ciência da importância de se manter o bom humor, a satisfação, as boas atitudes mentais e o prazer pelas pequenas coisas. Saúde é ao mesmo tempo causa e consequência de uma vida com qualidade, é conforto e equilíbrio em todas as áreas da vida. Como já disse o poeta, "A gente quer saúde, diversão e arte. A gente quer saída para qualquer parte".

Daí a importância de atividades como o yoga para gerenciar a mente, para que ela se torne positiva, alerta, criativa, proativa, em paz e feliz. E a respiração é o primeiro passo. Respirar mal é viver apenas uma parte do que a vida pode ser. Respirando mal por dias, meses e anos a fio, algum dia vai ficar doente. Se tiver por hábito aliar uma boa postura física, ereta, segura, cheia de recursos corporais e emocionais à respiração consciente, completa, diafragmática, as chances de adoecer reduzem drasticamente. A respiração correta fortalece o pulmão, leva suficiente oxigênio ao cérebro, melhora o sono, reduz o cansaço, protege a alegria. A respiração longa e profunda relaxa o corpo e regula a mente. Assim poderá viver mais longe dos hospitais e dos medicamentos.

O corpo costuma somatizar tudo que é vivenciado no dia a dia. Como a maior parte de nossa vida é inconsciente, o corpo é a forma concreta de externar o que há dentro e, ao mesmo tempo, um instrumento para produzir mudanças internas. Neste caso, o trabalho corporal, ou ásana, é imprescindível. O ásana é a parte mais elementar do yoga e também a mais conhecida por produzir resultados mais rápidos no alívio das contrações e dores musculares, além de ajudar no equilíbrio emocional. Na verdade, trata-se de um trabalho psicofísico, ou seja, os movimentos, ao mesmo tempo em que aumentam a percepção dos processos corporais, estão atrelados aos efeitos emocionais e psicológicos. Neste sentido, uma prática completa é preventiva e terapêutica. O corpo vai ganhando saúde e o sistema emocional, resistência, consciência e autonomia.

Segundo Patanjeli, quando o corpo para numa posição, a mente concentra-se no infinito. Um ásana de equilíbrio, por exemplo, exige plena concentração, reflete e expande o equilíbrio interno ao prender a pessoa no presente. A concentração, *dharana* ou abstração dos sentidos externos, conduz o foco para a força interior e desenvolve intuição, *insights*. Uma torção espinhal, além de comprimir glândulas e órgãos, trabalha a ampliação do olhar e flexibilidade diante da vida. Uma boa postura praticada com regularidade muda a forma de pensar, modifica comportamentos.

Assim, os estados emocionais podem ser retratados na postura – há dias que é mais tranquilo executar um ásana. Em outros, pode ser que não. Porém, com o tempo fica mais fácil, pois o domínio do corpo é o caminho para o domínio da vida. Aquilo que era impossível, de repente acontece com fluidez e a pessoa internaliza a experiência, cria uma âncora positiva e começa a acreditar que pode fazer diversas outras coisas. A vivência das conquistas no corpo faz com que o praticante tome posse de sua força e ultrapasse os próprios limites. Quanto mais se trabalha com o corpo, menos sobrecarrega a mente. Quanto mais forte o corpo, mais leve, ágil e criativa se torna a mente.

Está certo que o yoga é uma atividade de baixo impacto cardiovascular. Contudo, o ásana precisa ser executado de forma sistemática, agradável e com muita atenção. É importante ir acatando e empurrando os limites do corpo devagar, com gradação e autorrespeito, equilíbrio e bom senso, sempre evitando castigar e causar danos ao corpo, pois ele é nosso aliado, não o nosso Judas. O condicionamento geral vai melhorar sem sacrifício e sofrimento. Com hábito e disciplina, mas sem pressa.

O oriental compreende o corpo como a experiência do Divino, o microcosmo. Sem o corpo a alma não goza, já dizia Adélia Prado. Assim é almejada a integração das polaridades corpo e alma. Quanto mais permanece no corpo, saudável e forte, mais oportunidades a alma terá de se engrandecer. Não há como buscar equilíbrio mental, espiritual e emocional com um corpo fraco, debilitado, doente. Patanjali aponta a doença exatamente um dos nove obstáculos ao controle mental. Um corpo fraco arrasta as emoções – é difícil segurar a positividade sentindo dores. Corpo fortalecido, flexível e saudável colabora com a mente, mantém a autoestima e produz mais conforto. E o esperado autocomando mental também será conseguido por meio do corpo, porque a disciplina imposta ao corpo traduz-se em pensamentos, emoções e ações disciplinadas.

No relaxamento ou Yoga *Nidra*, utilizamos o *sankalpa* e, como faz uma boa hipnose, buscamos a programação positiva. Nesse momento, a pessoa é capaz de mudar padrões mentais, ressignificar experiências, potencializar desejos, estabelecer propósitos e resoluções interiores, desenvolver novos valores e gerar entusiasmo. "O que for a profundeza do teu ser, assim será teu desejo. O que for o teu desejo, assim será tua vontade. O que for a tua vontade, assim serão teus atos. O que forem teus atos, assim será teu destino." (Brihadaranyaka Upanishad IV, 4.5)

O relaxamento é um mergulho no eu, um momento de total integração da respiração natural e do corpo físico. É a vez da observação dos pensamentos, porém sem julgamento, apenas com atenção plena, capaz de estar consciente das reais possibilidades e valorizá-las, com uma boa expectativa e autoconfiança. Boa oportunidade para reduzir o diálogo interno e conduzir os pensamentos para o objetivo ou ações a serem executadas. Isso tudo são aspectos que exigem do sujeito algum treino.

A meditação é a parte mais avançada da yoga. É um processo gradual e acontece naturalmente com a melhoria da concentração e das práticas de total atenção. Estudiosos concluíram que pessoas que meditam regularmente têm um cérebro mais eficiente, ampliam a visão sobre os problemas, têm acesso a outros recursos e formas de agir, além de grandes *insights*. Algumas pessoas melhoraram a depressão, o déficit de atenção, ganharam força para saírem dos vícios. A técnica pode ser uma grande aliada para aqueles que têm um projeto de construção de inteligência emocional – dá fortalecimento espiritual, poder mental, aumenta a criatividade e a capacidade de acesso às respostas internas.

Grande aliada dos atletas

Excelentes surfistas e os melhores esportistas praticam yoga. O atleta busca eficiência e resultados. Precisa de competências técnicas e emocionais e isso significa que foco, concentração e equilíbrio são indispensáveis. Em grande parte das vezes, o esportista se preocupa somente com a primeira parte do treinamento, contrata alguém que detém a técnica e a domina completamente. Isso é muito bom, afinal ações corretas servem de base para os resultados. Mas o lado emocional precisa ser trabalhado com muito cuidado, de forma a prepará-lo para lidar com pressões externas, não permitindo que críticas exageradas e desproporcionais afetem sua performance individual e, sobretudo, para superar as próprias crenças e padrões internos de baixa autoestima, de desmerecimento e medo, grandes sabotadores da vida plena.

É bom compreender que fazendo coisas diferentes com o corpo, as conexões neurais vão mudar. Diversas pesquisas vêm provando que o equilíbrio emocional tem sido decisivo no sucesso ou fracasso, tanto de líderes ou artistas, quanto de estudantes, pais ou motoristas, enfim, em qualquer papel que a pessoa precise desempenhar.

Daí que uma prática bem orientada de yoga pode ser uma excelente ferramenta para que o atleta ganhe força física aliada a uma grande agilidade mental, ou seja, poder com fluidez, beneficiando-se com melhor performance individual.

Referências
Brihadaranyaka Upanishad IV, 4.5, apud CHOPRA, Deepak. *As sete Leis Espirituais para o Sucesso* – São Paulo: Best Seller, 1998. 20ª ed.
GOLLEMAN, Daniel. *Foco: atenção e seu papel fundamental para o sucesso*. São Paulo: Objetiva, 2014. 296 p.

24

Coach esportivo para atletas de futebol

Trabalho como *coach* esportivo no desenvolvimento do atleta como um todo, trabalhando não somente os aspectos técnicos, mas também buscando soluções para a sua vida. Mostrá-lo que a trajetória no futebol é pura dificuldade, com obstáculos que precisam ser vencidos por meio de mudança comportamental. Minha missão é fazê-lo acreditar neste sonho, com foco, persistência e dedicação

Ricardo Policarpo de Oliveira

Ricardo Policarpo de Oliveira

Sócio e *coach* esportivo do PROESP, uma escola para formação de atletas de futebol em Belo Horizonte. Co-gestor do Democrata FC, clube centenário de futebol profissional de Sete Lagoas/MG. Experiência de seis anos como ex-atleta de futebol do Clube Atlético Mineiro (categorias: infantil, juvenil, júnior e passagem pelo profissional). Proprietário da RM Coaching. Engenheiro Mecânico e gestor de obras por mais de 19 anos, atuando em clientes como: Arcelormittal, Gerdau, Saint-Gobain, VALE, Samarco Mineração, General Motors, Cimento Tupi, Precon, Açoforja, Tubos-TSA, MMX e Holcim.

Contatos
www.rmcoaching.com.br
ricardo.coaching@hotmail.com
ricardo.policarpo@democrataproesp.com.br
(31) 9906-1906 / 3657-6907

Papel do coach esportivo

O papel do *coach* esportivo é inspirar, orientar, apoiar e motivar o atleta de futebol rumo aos seus sonhos (estado desejado), por meio do seu autoconhecimento (estado atual) e desenvolvimento das suas habilidades, da mudança comportamental para mais foco e aumento de desempenho, além de um controle emocional para vencer todas as adversidades e obstáculos da carreira.

É ajudar este atleta a aprender ao invés de ensinar algo a ele, apoiando-o para mudar da maneira que deseja, a ir em direção ao que quer, a se tornar quem quer ser e, também, a ser o melhor atleta que pode ser.

Estado atual do futebol brasileiro

Será que os torcedores brasileiros imaginaram que a Alemanha iria humilhar a nossa seleção na Copa do Mundo? O resultado 7x1 foi um castigo para a arrogância e falta de humildade de nós brasileiros em não reconhecer que não somos mais os melhores do mundo no futebol.

Falta gestão, renovação de treinadores e estrutura para os clubes. Sobram esquemas táticos ultrapassados, ganância, soberba e uma incompetência geral nos clubes. Além disso, no Brasil não formamos atletas de futebol e, sim, deformamos os nossos adolescentes nas categorias de base dos clubes.

Quase sempre foi assim, mas esta total falta de organização foi superada ao longo do tempo pela grande quantidade de craques brasileiros.

Agora, todos falam de renovação do nosso futebol. Existe um consenso de uma reforma geral e que esta deve ser iniciada na formação dos atletas na base.

Mas, será que a CBF, os clubes, a mídia e os empresários de atletas desejam estas mudanças?

Certo mesmo é que os atletas precisam pensar em mudar já!

Estado desejado do nosso futebol brasileiro

Aplicando o conceito "*Coaching* é o processo de transportar clientes de onde estão para onde desejam chegar (estado desejado)", podemos facilmente identificar que "recuperar o status de melhor do mundo" é o estado desejado para o futebol brasileiro e que "Tornar-se um atleta de futebol profissional" sempre será o estado desejado, o sonho dos jovens atletas.

Num processo de *coaching*, o *coach* trabalha para identificar o estado atual deste cliente e, analisando o futebol brasileiro e seus resultados, podemos listar o seu estado atual:

- Queda no ranking mundial;
- Falta de gestão e endividamento dos clubes;
- Exportação de jovens atletas brasileiros sem receita aos clubes;
- Falta de renovação de treinadores;
- Falta de qualificação dos profissionais que dirigem o futebol;

Coaching Esportivo & Saúde

- Ex-atletas falidos financeiramente;
- Clubes sem as categorias de base;
- Estrutura precária para a formação de atletas;
- Treinadores ex-atletas despreparados para a formação de atletas;
- Comportamentos inadequados.

Sendo assim, por que não buscar as oportunidades para desenvolvimento e formação de atletas com o *coaching*?

Cultura de coaching nos clubes
Como *coach* esportivo e ex-atleta, acredito muito no *coaching* como metodologia para desenvolvimento das competências técnicas e comportamentais dos atletas nos clubes.

E, para a renovação do nosso futebol, evidenciada após a Copa do Mundo, uma implantação da cultura de *coaching* nos clubes permitirá uma formação de atletas com mais humanização e melhores resultados, os pilares desta cultura, como a seguir:

1) **Humanização:** para um ambiente mais agradável; para a valorização do ser humano; para a educação e conscientização destes jovens para que não acabem marginalizados e frustrados, caso não consigam ser atletas profissionais.
2) **Resultados:** o objetivo é deixar os atletas extremamente focados para a carreira no futebol por meio do seu desenvolvimento. Ajudar estes jovens atletas a mudarem suas vidas direcionando seu foco e energia para o desejado, seus sonhos, com satisfação e qualidade de vida.

Etapas da implantação da cultura de coaching no clube
- Palestras para apresentação dos conceitos e benefícios do *coaching*;
- Divulgação do "estado desejado do clube" com o *coaching*;
- Treinamentos para liderança;
- Identificação dos profissionais para os processos individuais;
- Acompanhamento do *coach* aos treinos e jogos;
- Aplicação das ferramentas da metodologia;
- Identificação das metas para o estado desejado;
- Elaboração e realização de planos de ações;
- Avaliação dos resultados e adequações ao programado.

Objetivos para atletas com o coaching
- Ter muito "foco" rumo aos seus sonhos no futebol, com metas traçadas;
- Conhecer as suas competências (pontos fortes) para serem potencializadas e as fragilidades (pontos fracos) para serem superadas;

- Ter domínio das suas emoções para superação do medo, ansiedade, falta de concentração e excesso de pressão;
- Ter consciência da necessidade do plano b para o futuro profissional, conciliando os estudos com os treinos e competições;
- Ter consciência da necessidade de mudança comportamental por meio de novas atitudes.

Mudança comportamental

A cultura do futebol faz com que aceitemos "jogadores" e não somente atletas. Como jogar futebol não é só jogar futebol, os atletas que não possuem bons comportamentos dentro e fora dos gramados são enquadrados na lista dos "boleiros da bola", aqueles que não têm nada na cabeça ou na mente.

As perguntas abaixo buscam uma reflexão destes jogadores em pontos fundamentais:

- Aonde você quer chegar? Qual o seu maior objetivo?
- O que você quer ser?
- Sonhou, e agora, como você vai chegar lá? O que vai fazer?
- Quais as metas para se chegar a este objetivo?
- Quais ações você irá realizar para alcançar estas metas e seu objetivo?
- Por que você encontra motivação para realizar seus sonhos?
- Os seus comportamentos são os melhores para um atleta?
- Você consegue identificar os seus pontos fortes e os fracos para desenvolvê-los?
- Você está dando o máximo nos treinos e jogos?
- Por que está se poupando ou dosando energias?
- Vale a pena se sacrificar para se tornar um atleta de futebol?
- Como mantê-lo extremamente focado no presente para o futuro na carreira?

Com o apoio do *coach* esportivo, os atletas encontrarão todas as respostas.

Entendendo que sucesso é resultado de competência e esta é o somatório de conhecimento (saber), habilidade (saber fazer) e atitude (querer fazer), este sucesso não existirá somente com o conhecimento e habilidade do atleta. É necessário ação. Assim, o atleta tendo boas atitudes (intenções positivas), ou seja, querer fazer as coisas certas adotará somente comportamentos (ações) dignos da carreira.

Ferramentas do coaching para os atletas

Faz sentido que o *coach* possa contribuir e ser estímulo para você encontrar o seu caminho e colocar foco no seu objetivo?

Entender quem somos por meio do *coaching*, construindo uma trajetória pela elaboração de um "plano estratégico profissional", pode ser a chave da transformação da nossa vida pessoal e profissional.

Coaching Esportivo & Saúde

Logo, identifique a sua missão, visão, competências, crenças, metas e objetivos, pelo autoconhecimento.

Autoconhecimento

Quais são os profissionais e atletas procurados pelos clubes de futebol? Aqueles que possuem como competência "Foco nos resultados", ou seja, a excelência individual rumo ao sucesso na carreira. O atleta com esta competência tem habilidade para a tomada de decisão e ações congruentes nos esforços tanto nos treinamentos, quanto na vida pessoal, a fim de que seu desempenho em campo seja sempre o melhor possível individualmente e em equipe. Para que ele atinja esse status de excelência é necessário estar ciente de suas potencialidades e limitações diante das exigências de entrega que o futebol exige, desenvolvendo e reciclando as suas competências. O autoconhecimento é o primeiro passo para esta reciclagem. Ele favorece a autocrítica e um melhor direcionamento de carreira. "É quando assumo a autoria da minha história e compatibilizo minhas competências pessoais que vou encontrar satisfação naquilo que eu realizo".

Autofeedback ou análise SWOT

O que é talento? Como desenvolvê-lo até que se torne uma atividade produtiva? Infelizmente, a maioria das pessoas tem pouca noção de seus talentos, pontos fracos e fortes, e ainda menos capacidade de construir sua vida em torno deles. Conhecer profundamente nossos talentos e usá-los de forma consciente é um ótimo caminho para a excelência.

Logo, identificando os seus pontos fortes e pontos de melhorias, as suas oportunidades e ameaças, utilizando a ferramenta *autofeedback* ou análise SWOT, você estará identificando os *gaps* para desenvolvimento de competências e habilidades necessárias para aceleração dos seus resultados, colocando foco e energia para aprimorar o que você já faz de melhor e, quando se quer melhorar alguma coisa, a fim de obter satisfação e sucesso na carreira.

Em qualquer dessas situações, a intenção é nos tornarmos ainda mais competentes, produtivos e felizes, a fim de superar desafios e obstáculos do dia a dia, desenvolvendo mais habilidades para o futebol.

Faça já a sua autoavaliação. Pergunte a si mesmo: no dia a dia estou fazendo o que sei fazer de melhor? Sinto satisfação no que faço? Se a resposta for sim, você está no rumo certo. Do contrário, chegou o momento de mudar!

Lembrando que o valor e sucesso de um atleta de futebol podem depender de uma combinação específica dos elementos talento (dom), potencial (despertar por completo com *coaching*) e desempenho (aumentar com o *coaching*), além da sorte.

Metas & objetivos

Ter metas é essencial para qualquer atleta que deseja alcançar algum resultado e também são os passos para alcançar os seus objetivos (estado desejado).

Lembrando que, se você não sabe aonde quer chegar, qualquer caminho é válido.

E, para você que deseja "tornar-se atleta profissional de futebol", enumerei algumas metas e ações, comuns aos jovens atletas para esta caminhada, para serem copiadas por aqueles que desejam alcançar o objetivo acima:

- Ter atitudes e comportamentos assertivos, dignos de atletas de sucesso;
- Ter um *coach* para apoio e ajuda rumo ao sucesso;
- Ter um bom empresário;
- Elaborar o seu plano estratégico para uma carreira com mais foco: visão, missão, metas e objetivos, valores e análise SWOT;
- Potencializar os pontos fortes e desenvolver as fragilidades, identificados na análise SWOT;
- Modelar em algum atleta e ídolo do futebol.
- Saber escutar as orientações e críticas dos treinadores;
- Não ingerir bebida alcoólica e não usar qualquer tipo de drogas;
- Descansar e alimentar-se bem.

Mudança de atitude dos atletas

Todos nós queremos ter uma vida feliz, e sabemos que se adotarmos uma atitude positiva o retorno será melhor do que com uma atitude negativa. Então, o que é que poderemos fazer para tornar as atitudes positivas um hábito no nosso dia a dia? Implantando hábitos mais assertivos e alinhados com os nossos desejos e expectativas. Lembrando que "Atitude é o querer fazer, a intenção que leva a um determinado comportamento". Seguem algumas atitudes de atletas de sucesso:

- Têm paixão pelo futebol;
- São conscientes da necessidade de serem dedicados, determinados e persistentes (uma das atitudes do atleta que o leva a manter foco no objetivo, mesmo nas maiores dificuldades);
- Têm uma visão positiva da vida e um "alto-astral";
- Têm foco para alcançar suas metas e objetivos, colocando toda a energia naquilo que é significativo para eles;
- Aprendem com erros próprios;
- Têm os pés no chão, nunca deixando de ser humildes;
- Sabem distinguir os amigos dos falsos amigos;
- Identificam as crenças limitantes para substituí-las por fortalecedoras;

Coaching Esportivo & Saúde

- Precisam se relacionar para conviver bem;
- Avaliam constantemente se as ações e decisões tomadas estão conduzindo-os aos objetivos ou desviando-os destes.

Atletas conscientes dessas atitudes estão bem orientados, porém a decisão é sempre do indivíduo. Quantos têm consciência de que a fama e a fortuna são resultados do treinamento árduo, disciplinado, que exige muita determinação, entrega e compromisso? Quanto o atleta tem se preparado para alcançar um determinado objetivo, com entrega total ao aperfeiçoamento das técnicas, muitas vezes com treinos exaustivos, com muito sacrifício?

Sabendo que "o trabalho é uma das dimensões do ser humano e, a outra o amor, conclui-se que só tem um bom desempenho profissional o atleta que ama aquilo que faz". E, como todos os atletas amam o futebol, um ponto positivo rumo ao sucesso já está definido.

Conclusão

Particularmente, acredito na possibilidade de reverter este quadro negativo do futebol brasileiro em que encontramos, sendo necessário reinventar esta relação, construir algo novo, por meio de uma mudança de paradigmas e comportamentos, onde novas possibilidades surgirão.

É preciso trabalhar individualmente cada atleta, fazê-los enxergar que para se ter sucesso em alguma profissão ou na vida em si é preciso cumprir regras, ser determinado e disciplinado, estabelecer metas para alcançar algo, ter estratégias individuais, planejamento, bons comportamentos e, principalmente, foco.

É dentro deste contexto que desenvolvo o trabalho de *coaching*, na tentativa de procurar o desenvolvimento do atleta como um todo, trabalhando não somente os aspectos técnicos, com metas, objetivos a serem alcançados, mas também buscar soluções para a sua vida, conhecendo a sua realidade. Mostrá-los que a trajetória nesta carreira de atleta de futebol é pura dificuldade, cheia de obstáculos que precisam ser vencidos diariamente principalmente por meio de uma mudança comportamental.

Tenho a esperança de que um dia o *coaching* possa servir como um instrumento de transformação deste esporte brasileiro de uma forma geral.

Acredito também na possibilidade de produzir um futuro para os atletas no qual a esperança, a beleza, a alegria e o sucesso possam num dia florescer e ser alcançados.

Referências

Apostilas do Instituto Brasileiro de Coaching.

OLIVEIRA, Ricardo Policarpo de. *Formando atletas de futebol com coaching*. São Paulo: Editora Ser Mais, 2015.

25

Coaching esportivo e desenvolvimento

Este artigo tem como objetivo demonstrar como o *coaching* esportivo pode contribuir para o desenvolvimento de líderes, atletas e equipes de alta performance

Suzy Fleury

Suzy Fleury

Psicóloga (CRP 06/24888-4 - IUP/1985). Pós-Graduada em Marketing (Escola Superior de Propaganda e Marketing – 1989). Fundadora da Academia Emocional (1991). Ministra Palestras, *workshops* e Cursos (desde 1991). Trabalha com as melhores Equipes esportivas do Brasil (1993). Membro da Comissão Técnica da Seleção Brasileira de Futebol (1998 - 2000). Autora do livro *Competência Emocional* (Ed. Gente, 1998). Mestre Psi Esporte (U. Autônoma Madri e Comitê Olímpico Espanhol, Reg.27472 - 2005). Especializada em Psicologia Cognitiva (Instituto de Terapia Cognitiva, CFP 013/07 - 2008). ICC – International Coaching Certification Training (Lambent, Reg.4289 - 2008). Profa. Miami Ad School/ESPM SP e RJ - Liderança e Inteligência Emocional (2013). Membro da ICF – International Coaching Federation (2014).

Contatos
www.academiaemocional.com.br
suzyfleury@academiaemocional.com.br
(11) 3873-1547 / 98383-1035

Suzy Fleury

Introdução

O esporte pode ser compreendido como um fenômeno socialmente construído que oferece bases sólidas para a saúde, educação, socialização e também para a construção da autoimagem e autoconceito de seus participantes, bem como o aumento da autoconfiança de um país. A competição, como meio de educação, portanto, deve ter um sentido mais amplo do que ser apenas um evento em que equipes se confrontam, em que uns ganham e outros perdem, em que uns são premiados e outros não, além das perdas e lucros. Por isso, no esporte, a figura do treinador passa a ser, acima de tudo, a de *coaches* educadores.

Kofi Annan declarou em 2005, quando secretário-geral das Nações Unidas, que *"pessoas de todas as nações amam esportes e seus valores universais (fair play - jogo "limpo" ou honesto, cooperação e busca pela excelência)"*. Em documento dirigido à campanha *Esporte para o desenvolvimento e a paz*, Annan afirmou que *"o esporte é uma linguagem universal. Na melhor das hipóteses, ele une as pessoas, não importa qual a sua origem, situação, crença religiosa ou status econômico. Ao participar de esportes, os jovens podem ter prazer, mesmo quando aprendem os ideais do trabalho em equipe e da tolerância"*. Segundo o assessor de Annan, Adolf Ogi, *"o esporte, com suas alegrias e conquistas, suas dores e derrotas, suas emoções e desafios, é um meio incomparável para a promoção da educação, saúde, desenvolvimento e paz"*. Lembrou também que *"o esporte ajuda na busca pelo aperfeiçoamento humano e que, nesse meio, há mais questões que unem do que questões que dividem"*.

Nesse contexto, o Brasil do futebol torna-se uma nação olímpica onde atletas de 40 diferentes modalidades treinam diariamente para atingir a meta do Comitê Olímpico Brasileiro (COB) 2016 - colocar o Brasil entre as dez principais potências olímpicas mundiais. O que fazer para vencer e buscar a excelência? Essa é uma questão importante no cenário do alto rendimento. Com a necessidade constante de resultados, conhecer o caminho da vitória passa a ser uma vantagem competitiva para quem procura aumentar as possibilidades de novas realizações. Além disso, os programas de treinamento e desenvolvimento esportivo contam cada vez mais com ações interdisciplinares que envolvem diferentes áreas como a medicina, fisiologia, fisioterapia, nutrição, e psicologia (ciência do comportamento humano).

Objetivo

Este artigo tem como objetivo demonstrar como o *coaching* esportivo pode contribuir para o desenvolvimento de líderes, atletas e equipes de alto rendimento.

Fundamentação filosófica – Sócrates

O Método Socrático pode ser considerado um poderoso aliado ao processo de educação e aprendizagem esportiva. 'Através de um caminho´, origem da palavra Método, *"cada pessoa pode ingressar na busca pela verdade e sentido da vida com o despertar – capacidade de pensar por si e desenvolver o raciocínio lógico – exercitando a postura reflexiva e critica"*, dizia Sócrates (filósofo, 469-399 a.C.).

O Método Socrático de Educação, portanto, está voltado ao aperfeiçoamento da alma por meio de uma forma específica de questionar, que provocava reflexões e descobertas. Para Sócrates, só se voltando para seu interior o homem chega à sabedoria e se realiza como pessoa: *"ninguém adquire a capacidade de conduzir-se e muito menos de conduzir os demais, se não possuir a capacidade de autodomínio"*.

Sócrates comparava sua função com a profissão de sua mãe – parteira – que não dá à luz, apenas auxilia a parturiente. O "Diálogo Socrático" surge do momento em que o filósofo, partindo da premissa de que nada sabia, levava o interlocutor a apresentar suas ideias e opiniões. Em seguida, fazia-o perceber as próprias contradições ou ignorância para que chegasse à conscientização. Chegar à verdade interior significava vivenciar o processo que ele denominava "parto de ideias", Maiêutica – método que consiste em parir ideias complexas a partir de perguntas simples e articuladas.

Ao eleger essa forma específica de questionar "Questionamento Socrático", Sócrates foi o primeiro filósofo a se preocupar, não só com a verdade e sentido da vida, mas como se chega a ela. Eis porque ele influenciou a educação, a Psicologia Cognitiva e também pode ser considerado o primeiro *coach* da humanidade.

Talvez seja por isso que, durante entrevista à revista Newsweek sobre as salas de aula no futuro (2001), Steve Jobs fez um comentário que despertou a atenção de todos: *"Eu trocaria toda a minha tecnologia por uma tarde com Sócrates"*. Jobs, com toda sabedoria, encontrou no Método Socrático um poderoso aliado ao processo de educação e aprendizagem.

Fundamentação teórica – Modelo cognitivo, competência emocional e coaching

Quando a bola começa a rolar em uma partida de futebol, outro jogo se inicia. Um jogo onde as emoções colocam atletas e equipes em estado de vantagem competitiva ou, em desvantagem com um adversário perigoso àqueles que desconhecem seus fundamentos e regras.

Considere o que acontece com um atleta na final de Copa do Mundo, no momento de bater um pênalti (qualquer semelhança é mera coincidência). Nessa "hora da verdade" onde a importância da partida encontra a incerteza do resultado, a tensão se apresenta por meio da ansiedade com seus sintomas típicos como a aceleração dos batimentos cárdicos, falta de ar, contrações, tremores e tensão muscular em maior ou menor grau.

Por isso, é preciso entender o fundamento básico do **Modelo psicológico cognitivo:** *"não são os fatores externos que determinam como nos sentimos ou como agimos/interagimos e, sim, nossa forma de interpretar o que acontece"*. Portanto, nos momentos decisivos de vida, seja nos esportes ou nos negócios, se começarmos a lembrar de erros cometidos e pensarmos... *"será que vou errar outra vez?"*... Estaremos produzindo a química do nervosismo e preocupação que se caracteriza pelo excesso de ansiedade, tão improdutiva nesse momento onde uma grande carga hormonal atingirá a corrente sanguínea e invadirá o conjunto de músculos responsáveis por essa ação, diminuindo nossas chances de sucesso. Ao contrário, podemos optar por pensamentos mais produtivos como... *"se fui convocado para essa missão é porque tenho condições e, vou fazer o meu melhor"*... Que nos coloca num estado mental, emocional e comportamental muito mais favorável.

Nem tudo na vida está sob nosso controle, então, aprender a dominar nossa maneira de pensar faz toda a diferença porque maus hábitos mentais nos criam problemas ou até mesmo pioram os que já temos. Além disso, também dificultam nossa tarefa de encontrar soluções nos induzindo a erros de interpretação ou julgamentos sobre o que nos acontece. É exatamente quando a gente não pensa direito que criamos e aumentamos os sentimentos de ansiedade, tristeza, culpa, raiva e estresse.

A instabilidade emocional pode ser considerada um indicador importante de falta de competência emocional e se refere ao estresse que ocorre quando estamos diante de desafios ou de problemas e ficamos reféns de nossos estados emocionais. Na verdade, o controle de emoções perturbadoras é a chave do bem-estar porque emoções intensas tendem a minar nossa estabilidade quando não focamos na solução e rodamos no círculo dos problemas.

A palavra **"emoção"** tem sua origem no latim "movere", que significa mover/agir/lutar/enfrentar e, "e-movere", afastar/fugir/esquivar referindo-se ao conjunto de comportamentos e sentimentos gerados por pensamentos específicos. Portanto, a capacidade de aprender a dominar nossas emoções começa com a gestão de nossa forma de pensar e se torna um diferencial do alto desempenho porque emoções improdutivas põem em risco os resultados e a carreira de atletas como os momentos de "sequestro neural" (explosão emocional) protagonizados pela cabeçada de Zidane e a mordida de Suárez em Copas do Mundo.

Pesquisadores ainda discutem sobre o grupo de emoções consideradas primárias que, combinadas, são capazes de gerar inúmeros outros sentimentos. Alguns teóricos propõem famílias básicas, embora nem todos concordem com elas. As principais candidatas, segundo estudos apresentados pelo Daniel Goleman, podem ser resumidas - MARTA:

- **Medo** – tem como função nos colocar em alerta para o perigo real ou imaginário e nos preparar para lutar ou fugir;
- **Alegria** – essência do sentimento de felicidade e emoção capaz de inibir sensações negativas, aumentando a energia, entusiasmo e disposição para a ação, combustível indispensável das realizações;
- **Raiva** – onde os batimentos cardíacos se aceleram e uma onda de hormônio é produzida como a adrenalina que estimula a pulsação, preparando o corpo para o ataque;
- **Tristeza** – expressa pelo olhar cabisbaixo, ombros caídos e expressões faciais, corporais e verbais com baixo nível de energia;
- **Amor** – conjunto de reações neurofisiológicas capazes de colocar a pessoa em estado de fluxo, gerando energia para ação e facilitando a cooperação.

Também são consideradas emoções primárias a repugnância (nojo que geralmente é expresso por meio de expressões faciais, tipicamente associada com coisas ou situações repugnantes) e a surpresa (sentimento de reação a acontecimentos inesperados).

O segredo do desempenho ótimo encontra-se na capacidade de atingir a Zona de Excelência (ZE), estado mental, emociona e tem o comportamento ideal ao alto rendimento nos esportes, negócios e vida. Para Goleman, *"Quanto mais ansiedade sentimos, pior será a eficiência cognitiva do cérebro. Extremos de ansiedade e raiva de um lado, e tristeza do outro, empurram a atividade cerebral para além da Zona de Excelência"*. A Zona de Excelência caracteriza-se por uma potente combinação de foco de atenção, interesse, entusiasmo e intensidade emocional produtiva. A alegria de executar uma atividade esportiva vem justamente desses momentos.

Antônio Damásio, neurocientista da Universidade of Southern California, disse que tais momentos de alegria significam *"coordenação psicológica ideal e execução estável das operações da vida"*. O campo da ciência cognitiva, segundo Damásio, ao estudar as redes neurais que governam as operações mentais, encontra condições semelhantes, chamados de *"estados máximos de harmonia"*. Quando a mente funciona com tal harmonia interna a calma, eficiência, rapidez e força operam em nível máximo.

Coaching Esportivo & Saúde

Atingimos a Zona de Excelência quando somos desafiados e nos sentimos competentes para enfrentar tal desafio. Nesse momento, a concentração e motivação alcançam o pico de interação entre a dificuldade da tarefa e nossa capacidade de realização.

A Teoria do "U" invertido explica o impacto dessa relação entre estresse e desempenho, portanto:

TEORIA DO "U" Invertido
Impacto do Estresse sobre o Desempenho

- ZE = Atingimos a Zona de Excelência no momento em que somos desafiados e nos sentimos competentes;
- Ansiedade, nervosismo e preocupação – ocorrem quando somos desafiados e não nos sentimos competentes;
- Apatia, desinteresse, desmotivação – se apresenta quando não somos desafiados e dispomos de competência.

A Zona de Excelência pode ser resumida como o Estado Ótimo de Ativação que atletas conseguem atingir a partir da regulação cognitivo/emocional/comportamental, com técnicas como: estabelecimento de objetivos, planejamento estratégico, plano de ação, exercícios de relaxamento/desativação-ativação, visualização, ensaio mental, simulações, foco na ação, controle de pensamentos e distrações, diálogos internos positivos, compromisso e superação.

Competência emocional refere-se ao desenvolvimento de um conjunto de habilidades relacionadas ao autodomínio pessoal e interpessoal, por isso o psicólogo Daniel Goleman alerta: *"Embora haja pontos que determinam o temperamento, muitos dos circuitos cerebrais são maleáveis, portanto, temperamento não é destino. A incapacidade em lidar com as próprias emoções pode destruir vidas e carreiras porque o controle dos impulsos emocionais é a base da força de vontade e do caráter".*

Suzy Fleury

Para que possamos desenvolver a competência emocional é preciso aprender como gerenciar a dinâmica do PSAI (Pensar-Sentir-Agir-Interagir), dominar as emoções básicas MARTA (Medo-Alegria-Raiva-Tristeza-Amor) e conseguir alcançar o ZE (Zona de Excelência ou estado de ativação cognitivo/emocional/comportamental ideal), que são aliados importantes à produção de estados neurofisiológicos de maior qualidade, mesmo diante das diferentes provocações e revezes da vida. A ênfase está no papel do "jeito certo de pensar" para o alívio do sofrimento emocional se estivermos dispostos a assumir a responsabilidade pela parte que nos cabe desse aprendizado.

À medida que aprendemos a utilizar a mente de forma mais estratégica e inteligente, damo-nos conta da existência de um processo capaz de nos fornecer os recursos necessários para lidar com diferentes situações. Quando a mente aprende a ficar calma e focada, especialmente em momentos mais críticos, ela se torna capaz de distinguir entre os perigos reais e imaginários, aumentando a capacidade de enfrentamento de obstáculos internos como o medo do fracasso, ansiedade, falta de segurança, hesitação e falta de autoconfiança.

Competência emocional, portanto, refere-se às **habilidades que podemos desenvolver** para agir de forma mais consciente frente aos desafios e obstáculos. Para ser competente emocional é preciso exercitar aptidões – cognitivas (forma de pensar), emocionais e comportamentais, quando entendemos que a forma como encaramos os desafios e problemas determina como nos sentimos e lidamos com eles.

Resumidamente, a competência emocional se revela quando somos capazes de:

- Enfrentar desafios – pessoais e interpessoais;
- Resolver problemas – ao invés de ficar rodando em círculos;
- Ter atitude mental positiva – especialmente diante dos revezes;
- Agir de forma criativa – e não emocionalmente reativa e improdutiva.

Coaching Esportivo & Saúde

Dessa forma, o desenvolvimento da competência emocional está sustentado nas seguintes premissas:

1) Nossa forma de pensar determina o que sentimos, como agimos e interagimos;
2) É possível monitorar nossa forma de pensar optando por pensamentos mais inteligentes e produtivos capazes de gerar sentimentos e ações mais inteligentes;
3) Competência emocional pode ser desenvolvida a partir de exercícios mentais específicos como foco de atenção nos objetivos e metas, domínio emocional por meio de diálogos internos e mentalizações.

Ao observar a dinâmica do PSAI (Pensar-Sentir-Agir-Interagir), Timothy Gallwey percebeu que: *"O adversário que mais interfere no rendimento, independente da área de atuação, é o adversário interior. Estado interno cujo oponente se encontra na forma de pensar e não no adversário externo. É ele quem produz distrações através de diálogos internos e julgamentos, capazes de provocar desconcentração, desmotivação e descontrole emocional, até mesmo nos grandes jogadores".*

Gallwey observou em seu trabalho como treinador de tênis que: *"Cada jogo é composto de duas partes um exterior e outro interior. O primeiro é jogado contra um adversário externo. O jogo interior se desenrola na mente do jogador contra obstáculos como o medo do fracasso, falta de confiança, excesso de autocrítica, irritação e nervosismo. Hábitos da mente que inibem a excelência do desempenho".*

Gallwey acredita que *coaching* esportivo representa o processo de provocar a autoconsciência e, assim, contribuir para que o jogador remova ou reduza os obstáculos mentais por meio de diálogos internos eficazes provocados por questionamento socrático e escuta ativa. Ou seja, é preciso em primeiro lugar aprender a enfrentar os adversários internos - o jogo interior - para então vencer os adversários externos. Vale destacar que, na maioria das vezes, o oponente interno é que se apresenta como o mais resistente. Dessa forma, o *coach* habilidoso contribui para acelerar o progresso com foco e consciência nas escolhas, auxiliando na concentração de onde estão e o que fazer para chegar aonde deseja. O resultado desse trabalho está registrado no famoso livro *"The Inner Game of Tennis"* (O Jogo Interior de Tênis), 1974.

Competências do alto rendimento esportivo

Líderes, atletas e equipes de alto rendimento vivem de resultados, do placar e da melhoria contínua que os leva ao ciclo de excelência. Isso é o que caracteriza a elite esportiva. Nesse cenário, é preciso entender que o placar reflete o conjunto de fatores que interage ativamente durante as competições. Além do talento, é preciso aprender a dominar as quatro competências que interferem diretamente no desempenho e resultados e, por isso, se torna uma vantagem competitiva aqueles que desenvolvem as habilidades necessárias. Por exemplo, no futebol é preciso considerar os quatro pilares de competências:

- Técnica (fundamentos como drible, passe, cabeceio, finalizações – no futebol).
- Tática (esquemas estratégicos como 4-4-2 ou 3-5-2).
- Física (força, potência, velocidade e flexibilidade).
- Psicológica (dinâmica do PSAI = pensar-sentir-agir-interagir, cujos fundamentos se encontram na: concentração, motivação, controle emocional, otimismo, disciplina, dedicação, autoconfiança, flexibilidade, superação, entrosamento, comunicação, liderança, gestão de conflitos, tomada de decisão e competição/cooperação).

O alto desempenho, portanto, reflete o equilíbrio dessas quatro áreas que interagem e que devem ser de domínio de atletas e equipes.

• **Atletas de alta performance**

Tornar-se um realizador é o primeiro passo para fazer parte de uma equipe vencedora.

<u>Perfil e atribuições de atletas de alta performance:</u> possuem objetivos desafiadores e reais; são concentrados e motivados para

o rendimento; autoconfiantes e com autocontrole emocional; disciplinados; lidam bem com imprevistos; possuem resistência psíquica (às pressões) e alto grau de competitividade.

- **Equipes de alta performance**

Um grupo em si não constitui necessariamente uma equipe. Equipes são pessoas conscientes de que só atingirão os objetivos com a participação de todos mesmo daqueles que parecerem menos importantes porque equipes são formadas por habilidades complementares por meio de esforço coordenado que permite a cada membro maximizar seus pontos fortes e minimizar suas fraquezas e não há pessoas de menor valor e, sim, com funções e atribuições diferentes.

Perfil e atribuições de equipes de alta performance: objetivos e metas claros/compartilhados; orientada para resultado e solução; senso de interdependência; papéis e atribuições claros; responsabilidade mútua individual; qualidade da comunicação; qualidade dos relacionamentos; respeito, confiança e sinceridade; cooperação; motivação; resolução de conflito; criatividade e inovação; produtividade; busca da excelência.

- **Líderes de alta performance**

Liderar, do inglês, significa influenciar. Liderar é olhar o futuro, enxergar possibilidades, inspirar pessoas, e construir uma nova realidade a partir do melhor de cada um.

Bernardinho nos ensina que "Nos esportes, negócios e na vida valem os mesmos princípios: a necessidade de identificar talentos, manter as pessoas motivadas, se comprometer com o desenvolvimento do grupo e criar o espírito de equipe que torne o desempenho do time maior do que a soma dos talentos individuais".

Perfil e atribuições do líder de alta performance: foco em solução/resultados; visão x realidade; estratégia (recursos e competências); cumpre compromissos; compartilha valores; caráter (transparência, coerência e justiça); senso de humor; senso de urgência; assume riscos (calculados); relacionamento 360°; comunicação -sabe ouvir, questionar e mantém diálogo aberto-honesto-informal; delegação; tomada de decisão; gestão do tempo; negociação; inovação; método de trabalho; execução impecável; monitora e busca a excelência.

É nesse contexto que o método *coaching* entra como um aliado aos programas de treinamento, promovendo o desenvolvimento do conjunto de competências necessárias à alta performance esportiva.

Coaching esportivo

Segundo a International Coaching Federation (ICF), *coaching* pode ser definido como *"uma parceria com clientes, em um processo instigante e criativo, que os inspira a maximizar seu potencial pessoal e profissional".*

Coaching esportivo é o programa estruturado em dez sessões individuais e/ou coletivas, que visa promover mudanças com foco em ações estratégicas, inteligentes e coordenadas capazes de gerar resultados, aprendizagens e melhorias, criando, assim, o ciclo da excelência. Dirigido aos profissionais do ambiente esportivo, especialmente treinadores, atletas e equipes de diferentes modalidades, esse programa contribui para a melhoria de desempenho, desenvolvimento de competências, transição de carreira, recuperação de lesões, formação e manutenção de equipes, desenvolvimento de líderes e intervenção de crises.

Para o Dr. Daniel Goleman, *"Coaching ajuda a descobrir sonhos, entender nossas forças e energias, proporciona novas compreensões, causa um grande impacto sobre os outros e nos guia nos passos da aprendizagem e melhoria contínua. É um método poderoso para desenvolver a inteligência emocional e, portanto, cultivar a excelência".*

Coaching esportivo tem como objetivo auxiliar o 1) Crescimento pessoal e interpessoal; 2) Desenvolvimento de habilidades e competências do alto rendimento esportivo; 3) Melhoria da performance individual e coletiva.

Ao longo do programa, alguns parâmetros são utilizados para acompanhar a evolução do processo como, por exemplo, a capa-

Coaching Esportivo & Saúde

cidade de enfrentar desafios; resolver problemas; ter uma atitude mental mais positiva e promover ações criativas e menos reativas.

O Programa *Coaching* de Excelência conta com um quadro de referência criado para favorecer uma visão sistêmica sobre as etapas do processo – cujo modelo de mudança se sustenta em sete elementos: 1) Situação atual; 2) Situação desejada; 3) Estratégia e inteligência (missão, visão, valores, indicadores de sucesso, recursos/competências e plano de ação/superação); 4) Ação estratégica, inteligente e coordenada; 5) Resultados; 6) Aprendizagens; 7) Melhorias (ciclo da excelência). Podemos resumir a definição, objetivo e os sete elementos:

PROGRAMA COACHING DE EXCELÊNCIA
academia emocional

DEFINIÇÃO
Processo de Mudança focado em AÇÕES ESTRATÉGICAS E INTELIGENTES (EI) que geram Resultados, Aprendizagens e Melhorias (Ciclo da Excelência)

OBJETIVO Buscar a Excelência
Domínio Pessoal-Interpessoal e Gestão do Futuro
- Enfrentar Desafios
- Resolver Problemas
- Atitude Mental Positiva
- Agir Criativa/Estrategicamente

7 ELEMENTOS
- Resultado Atual
- Resultado Desejado
- Estratégia e Inteligência
- Ações Estratégicas e Inteligentes
- Resultados
- Aprendizagens
- Melhorias (Ciclo da Excelência)

Domínio Pessoal e Interpessoal e Gestão do Futuro

Passado — 2014 Resultado Atual — TENSÃO CRIATIVA — 2024 Resultado Desejado — Futuro

CICLO DA EXCELÊNCIA: Estratégia e Inteligência → Ações EI → Resultados → Aprendizagens → Melhorias

www.academiaemocional.com.br

- **Estrutura do programa – Dez sessões** (presenciais ou por Skype)

Cuidadosamente estruturado, o programa conta com as seguintes etapas e as correspondentes técnicas:

→ **Reunião estratégica** – identificar o momento e objetivo determinado pelo treinador e comissão técnica

→ **Avaliação inicial (1ª sessão)** – o objetivo é retratar o momento (treinador, atleta e equipe), traçar o perfil, identificar a adequação ao *coaching* e planejar o cronograma de trabalho. Conta com algumas técnicas e ferramentas como: *rapport*, diálogo de *coaching, backtracking*, seta descendente, roda da vida, poms (*profile of moods states*), realizações passadas, solução de problemas, desafios de crenças, agenda e contrato.

→ **Sessões Intermediárias I** – direcionadas à estratégia (objetivos, recursos e competências – indicadores de sucesso) com técnicas como: ponte do atual para o desejado, lista de sonhos, grade de objetivos e metas, viagem ao futuro e linha do tempo.

→ **Avaliação Periódica (5ªSessão)** – visa levantar as mudanças, resultados, aprendizagens e melhorias do primeiro ciclo.

→ **Sessões Intermediárias II** – direcionadas à estratégia (missão, visão, valores) com técnicas como roda das competências (treinador, atleta e equipe), *feedback* sanduíche, *feedback* 360° e plano de ação.

→ **Avaliação Final (10ªSessão)** – visa levantar as mudanças, resultados, aprendizagens e melhorias ao longo do programa e direcionar os próximos passos.

→ **Reunião fechamento**

A eficácia do *coaching* esportivo pode ser comprovada comparando-se as medidas de desempenho iniciais com os indicadores finais, onde se pode observar o crescimento pessoal, aprimoramento das habilidades e competências e o aumento do desempenho esportivo, somado à elaboração do projeto estratégico e plano de ação. Alguns depoimentos podem consolidar a importância do método *coaching*:

"Coaching funciona e é de grande valor, seja para criar mudanças positivas e alcançar metas pessoais como para gerar sólido retorno do investimento (ROI- Return on Investment) aos clientes." PricewaterhouseCoopers, 2009.

"Um coach realmente ajuda!" Eric Schmidt - Presidente do Google em entrevista à Revista Fortune, 2009.

Muitos programas de preparação de atletas e equipes esportivas, em geral, tentam corrigir as deficiências enfatizando simplesmente o aumento das horas dedicadas ao trabalho técnico, tático ou físico, mesmo que, com frequência, o problema não esteja na falta dessas habilidades e, sim, na falta do condicionamento mental e emocional. Aumentar o trabalho repetitivo nesses fundamentos não contribui para superar a pressão, aumentar a concentração, confiança, motivação ou o domínio dos impulsos agressivos e até mesmo na recuperação de lesões.

Os componentes mentais e emocionais transcendem esses aspectos. Em qualquer esporte, o êxito (ou fracasso) de um atleta e equipe é resultado do complexo conjunto de variáveis que integram o momento de uma competição. Portanto, o Programa *Coaching* de Excelência voltado ao contexto esportivo passa a ser uma importante alternativa metodológica que se pode somar ao treinamento e desenvolvimento de atletas, equipes e treinadores esportivos na busca incessante por resultados e melhorias – essência do ciclo de excelência.

Referências
BERNARDINHO - *Cartas a um jovem atleta* - RJ, Ed. Elsevier, 2007.
BERNARDINHO – *Transformando suor em ouro* - RJ, Ed. Sextame, 2006.
CLUTTERBURCK, David – *Coaching Eficaz: como orientar sua equipe para potencializar resultados* – SP, Gente, 2008.
COUSINEA, Phil – *O Ideal Olímpico e o Herói de Cada Dia* – Mercuryo, 2004.
GALLWEY, W.Timothy - *O jogo interior de tênis* - Ed. Textonovo, 1996.
GOLDSMITH, Marshall e LYONS, Laurence e FREAS, Alyssa-*Coaching: exercício da liderança*-RJ, Elsevier: DBM, 2003.
GOLEMAN, Daniel – *Inteligência Emocional* – RJ, Ed. Objetiva, 1995.
GOLEMAN, Daniel – *Inteligência Social* – RJ, Ed. Campus, 2006.
GOLEMAN, Daniel – *O cérebro e inteligência emocional* – RJ, Ed. Campus, 2012.
WEINBERG, Robert e D. Gould - *Fundamentos da psicologia do esporte e exercício* - PA, Ed. Artmed, 2001.
WHITMORE, John - *Coaching para performance: aprimorando pessoas, desempenhos e resultados* - RJ, Qualimark, 2006.
WHITMORE, John - *Coaching para aprimorar o desempenho* – SP, Laselva, 2012.

26

Como surgiu o *coaching* esportivo

O *coaching* esportivo é essencial para que equipes e atletas de alto nível possam aumentar seu rendimento nas competições. Trabalha o presente para desenvolver a pessoa ao futuro

Taissa Amorim

Taissa Amorim

Consultora em Gestão de Pessoas, Palestrante, *Coach* e Atriz. Bacharel em Administração. Pós-graduada em Gestão Estratégica de Pessoas e Psicologia Organizacional do Trabalho. Representante da Metodologia de Gestão por Competências de Maria Rita Gramigna no estado de Sergipe. Diretora do Instituto de Mobilidade Profissional. Diretora de Relacionamento da ABRH Seccional Sergipe. Diretora do Núcleo Sergipe da ABCO – Associação Brasileira de Consultores Organizacionais.

Contatos
www.impconsultoria.com.br
taissaamorim.imp@gmail.com
(79) 8819-6158 / (79) 3255-4345

Taissa Amorim

"Coaching é uma relação de parceria que revela e liberta o potencial das pessoas de forma a maximizar o desempenho delas. É ajudá-las a aprender, ao invés de ensinar algo a elas..."
(Timothy Gallwey)

oaching na língua inglesa significa o técnico em modalidades esportivas, como futebol, basquete, ginástica ou tênis. O *coach* é o profissional especializado no processo *coaching*, ele orienta, facilita, motiva, mas não joga. Quem joga é o atleta ou jogador. O *coachee* é o cliente que irá se beneficiar com todo o processo de *coaching*.

O *coaching* é um processo que tem por objetivo capacitar pessoas a alcançarem o seu melhor desempenho pessoal e profissional. Orienta no equilíbrio entre a vida profissional e pessoal e na identificação de metas, valores, talentos, missão e visão.

Coaching é:

- Orientação e formação: voltada para a aquisição e/ou aperfeiçoamento de competências (capacidade de agir, de realizar ações em direção a um objetivo, metas e desejo);

- É uma jornada até ao sucesso. A descoberta do seu potencial máximo, autoconfiança e determinação indicam o caminho da realização profissional e pessoal. Com objetivos claramente definidos e um plano de ação bem formulado, o resultado será sempre igual ao pretendido. Um programa de *coaching* proporciona evolução, direção, inovação e apoio constante.

O *coaching* teve sua história iniciada com Tim Gallwey em 1971, quando este passava por um momento sabático em sua carreira de professor universitário, e nessa época ele resolveu assumir um trabalho como professor de tênis profissional em Seaside, Califórnia. Um dia enquanto estava ensinando na quadra, ele percebeu que muitas das suas instruções estavam incorporadas na mente de seu aluno, em um modo parecido com o que ele chama de "comando e controle", um diálogo interno que estava interferindo significativamente em seu aprendizado e performance.

Quando Gallwey começou a aprofundar mais e a questionar, descobriu que havia muitas coisas acontecendo nas mentes de seus alunos de tênis, e isso os estava impedindo de alcançar um estado verdadeiro de foco e atenção.

Ele, então, começou a explorar maneiras de focar a mente do aluno na observação direta e no "não-julgamento" da observação da bola, do corpo e raquete, de forma a aumentar seu aprendizado, desempenho e prazer pelo jogo. Com esta nova consciência, tenistas amadores pareciam naturalmente desenvolver instintos e habilidades de jogadores muito mais experientes, sem receberem instrução específica.

Quando falamos de *coaching* esportivo, estamos com o nosso foco direcionado para o desempenho enquanto técnicos, treinadores e preparadores físicos, e toda a equipe responsável pela melhoria dos resultados. Estabelecendo visão estratégica, é possível desenvolver habilidades para atingir metas, objetivos e conquistar vitórias.

Importante ressaltar que durante esse processo, desenvolve-se principalmente o domínio, o controle das emoções.

Case de sucesso

Bernadinho, técnico da seleção, é exemplo de liderança para qualquer profissional. Manter o nível de excelência é um dos principais desafios do técnico campeão olímpico e mundial. Desenvolveu uma ferramenta denominada de Roda da Excelência, que trabalha valores e princípios importantes na montagem de uma equipe que trabalha em busca do sucesso, falando desde o trabalho em equipe, passando pela motivação, processo de liderança, planejamento. A estrada onde a roda vai girar a determinação e a obstinação que são atributos essenciais e básicos para qualquer profissional de alto nível.

Taissa Amorim

"RODA DA EXCELÊNCIA"

```
                    DISCIPLINA
                    ÉTICA
COMPROMETIMENTO     HÁBITOS POSITIVOS
CUMPLICIDADE        DE TRABALHO

        Busca
     constante da      TRABALHO EM
      excelência       EQUIPE

                       LIDERANÇA
PERSEVERANÇA
OBSTINAÇÃO
SUPERAÇÃO
            MOTIVAÇÃO
                                META
        PLANEJAMENTO
```

Como treinador, Bernardinho é o maior campeão da história do voleibol, acumulou mais de 30 títulos importantes em 20 anos de carreira, dirigindo as seleções brasileiras: feminina e masculina.

Alguns benefícios do coaching esportivo

- Aumento de performance;
- Controle dos estados emocionais;
- Concentração e foco;
- Definição clara de metas e objetivos;
- Autoestima, automotivação, autodisciplina, autoconhecimento e autoconfiança;
- Melhoria do rendimento em competições, gerando assim melhores resultados;
- Auxílio no planejamento profissional e pessoal;
- Melhoria no trabalho em equipe;
- Eliminação de crenças limitantes;
- Melhoria na tomada de decisões em momentos cruciais.

Investir em um processo de *coaching* esportivo é permitir se descobrir, sem medo do que irá encontrar. É tirar a venda dos olhos, e enxergar bem lá no fundo. Não ter medo do que irá encontrar. A partir desse momento, irá conhecer muito bem sua FOFA – forças, oportunidades, fraquezas e ameaças, para conseguir desenvolver um plano de desenvolvimento que oportunize grandes conquistas que sejam mensuráveis, concretas e realistas.

Referências
BERNARDINHO. *Transformando suor em ouro*. Ed. Sextante.
DINSMORE, Paul Campbell e SOARES, Monique Cosendey. *Coaching prático – O caminho para o sucesso*. Ed. Qualitymark.
GALLWEY, Timothy. *The inner game of tennis*.

27

Coaching saúde e *coaching* esporte

"O adversário que mais interfere no rendimento, independente da área de atuação, é o adversário interior. Estado interno cujo oponente se encontra na forma de pensar e não no adversário externo. É ele quem produz distrações por meio de diálogos internos e julgamentos, capazes de provocar descontração, desmotivação e descontrole emocional, até mesmo nos grandes jogadores." Timothy Gallwey

Tânia Regina Douzats Vellasco

Tânia Regina Douzats Vellasco

Mestre em Administração e Gestão de Negócios (UFRRJ), Psicóloga (UGF), MBA em Administração de Recursos Humanos, Pós-Graduação em EAD. Formações em *Coaching*: ICL em Portugal com certificação do ICF, Pós-Graduação em Psicologia Positiva com Ênfase em *Coaching* pela UCAM – CPAF – RJ, Academia Brasileira de Coaching, ICI – Integrated Coaching Institute com certificação ICF – *Coaching* Certificação Internacional, *Health & Wellness Coaching* – Carevolution – *Coaching* Saúde e Esporte – SBC- Sociedade Brasileira de Coaching – *Personal & Professional Coaching, Leader Coach, Executive Coach, Extreme Positive Coach* – Instituto Holos de Qualidade filiada ao ICF – International Coach Federation. Foi vice-presidente da ABRH RJ por dois mandatos (1989/1994 e 1994/1997). Experiência comprovada com mais de 28 anos na Gestão de Recursos Humanos, atuando como Diretora de RH em empresas de grande porte. Consultora em Planejamento Estratégico, Pesquisa de Clima Organizacional, Gestão de Saúde Ocupacional, Treinamento & Desenvolvimento, Cargos & Salários.

Contato
tvellasco@uol.com.br

Tânia Regina Douzats Vellasco

Coaching saúde

Este artigo tem como objetivo discutir a introdução do *coaching* de saúde, bem-estar e o *coaching* esportivo como ferramentas de mudança de vida contribuindo para o desenvolvimento pessoal e profissional.

"*Coaching* em saúde é a prática da educação, orientação e treinamento para promover a saúde e aumentar o bem-estar das pessoas, facilitando que alcancem seus objetivos relacionados à saúde." (PALMER, 2003).

Os avanços tecnológicos que conquistamos na última década contribuíram para a longevidade e qualidade de vida, proporcionando melhoria no tratamento e na prevenção de doenças. Ao mesmo tempo, vêm acarretando diversos riscos para sua saúde, levando as pessoas a conviver com o sedentarismo e o excesso de situações estressantes.

Estudos científicos comprovam que a prática de exercícios físicos não se constitui apenas como um instrumento fundamental do programa voltado à promoção de saúde, mas também da reabilitação de determinadas patologias que atualmente contribuem para o aumento dos índices de alterações orgânicas.

Sabemos por meio de trabalhos científicos que a qualidade de vida está diretamente ligada ao grau de satisfação que o indivíduo possui diante da vida em seus vários aspectos.

De acordo com a Organização Mundial da Saúde (OMS), a saúde é definida como o complemento de bem-estar físico, psicológico e sociocultural. Dessa forma, não é suficiente apenas não estar doente para se ter saúde, é preciso adotar hábitos que afastam os fatores de riscos que possam causar o aparecimento de doenças, uma vez que muitas delas são consequências de estágios mais avançados de maus hábitos de vida (GUEDES, 2000).

Portanto, para que se tenha um conceito definitivo e único de saúde, é necessário que as pesquisas científicas englobem as três perspectivas do indivíduo: social, fisiológica e psicológica.

Nossos corpos não foram feitos para sentar na frente da televisão ou na frente de um computador o dia todo. Muitos dos nossos

Coaching Esportivo & Saúde

estilos de vida e carreiras exigem que façamos isto. Podemos neutralizar os efeitos nocivos da falta de atividade física.

Exercício libera os produtos químicos naturais de corpos: endorfina, serotonina, dopamina e adrenalina. Ele também diminui o hormônio do estresse, cortisol.

Então, só começando fará com que você se sinta muito melhor, antes de ter quaisquer efeitos em seu corpo físico. Existem inúmeros estudos que ligam o exercício com um estado elevado de bem-estar e melhoria de humor, mesmo para aqueles com depressão.

Você pode tentar visualizar os benefícios que obterá do exercício. Concentre-se sobre os aspectos positivos quando as coisas estão ficando difíceis e aprecie os efeitos de fazer aquilo para o que o seu corpo foi construído.

O *coaching* em saúde é uma ferramenta importante para auxiliar pessoas que estão em busca de mais qualidade de vida. São maneiras pelas quais é possível identificar os planos, os sonhos e desejos de estar em plena saúde e traçar uma estratégia, um projeto que leve em consideração os valores essenciais de superação de barreiras e adversidades.

Coaching em saúde não é realização de exames físicos, não é solicitação de exames complementares, não é realização de diagnósticos e nem tratamento de doenças. Também não é prescrição de medicamentos, dietas e de exercícios físicos. Estas funções são prerrogativas de médicos, nutricionistas, fisioterapeutas e profissionais de educação física dentro de suas atribuições legais.

Segundo especialistas, o *coaching* se diferencia de outras abordagens comportamentais e não significa aconselhamento, pois entende que a tomada de decisão deve ser feita a partir do interessado em que as mudanças aconteçam e sejam sustentáveis.

A partir de um diagnóstico ou de uma sugestão do próprio médico, ou de outro profissional, de preferência na área de saúde, realiza-se uma avaliação para ser tratada uma programação pertinente ao que se deseja alcançar, tendo em conta a metodologia e prática adequada a cada pessoa.

Obedecendo a um critério de avaliação onde se deve observar a saúde física, emocional, crenças, relacionamentos, atividade física e nutrição, de cada individuo, programam-se as mudanças com atividades que possam deixar opções mais confortáveis e fáceis de serem desenvolvidas.

O procedimento de mudança deve ser simples e motivador para que o *coach* possa ser desenvolvido confortável e com confiança.

O indivíduo passa a ter uma sensação de bem-estar nas atividades praticadas e, com isso, seus objetivos se mostram mais claros e seus desejos de mudança ficam mais definidos a cada etapa do processo.

Coaching esportivo

O processo de *coaching* esportivo é uma técnica que vem mudando a visão de comportamento dos atletas, por ser um treinamento usado por um *coach*, profissional que facilita o processo, ajudando os participantes a encontrar o equilíbrio entre a força e a técnica.

De forma especial, será trabalhado o controle do nervosismo e da ansiedade no atleta, assim como o desperdício de energias no que poderá não dar certo. O *coach* focará suas atividades com o *coachee* nos pontos fortes, favorecendo a identificação de novos padrões de pensamento e ações. O trabalho exercido é de um jogo interior do indivíduo, na busca da autopercepção, autorreflexão e autoconhecimento.

O objetivo principal do *coaching* esportivo é ajudar o *coachee* a deixá-lo sempre motivado, determinado e com o comportamento positivo, para alcançar seus objetivos. Auxilia a traçar e determinar o planejamento de sua carreira, dando a diretriz para onde quer chegar e em quais competições poderá se superar. O principal é o atleta ter seu autocontrole para conquistar o que planejou.

O *coaching* esportivo é desenvolvido para treinadores e todos profissionais que estão em preparação dos atletas ou grupo de atletas, para apresentar seu objetivo de como alcançar melhores resultados, atingir suas metas e, principalmente, conseguir chegar a sua meta que são as vitórias e títulos.

"Detectar e desenvolver talentos é uma das principais atribuições do líder. Muito mais do que ensinar, é ajudar a aprender."
(Bernardinho)

Coaching Esportivo & Saúde

Quando falamos de *coaching* esportivo no Brasil, temos que citar o técnico Bernardinho, hoje técnico da seleção masculina brasileira de voleibol; que tem em seu livro *Transformando suor em ouro* uma autêntica obra prática de princípios de *coaching*.

Com a chegada das Olimpíadas de 2016 no Rio de Janeiro, o *coaching* esportivo deverá crescer no Brasil, principalmente no meio dos profissionais das áreas de saúde e esportiva, pois terão a oportunidade de desenvolverem um trabalho de dois anos e fazerem novos campeões.

Conclusão

Hoje podemos apontar que a qualidade de vida está relacionada mais diretamente à saúde. Atualmente o investimento dos indivíduos para o alcance da saúde é cada vez maior, trazendo resultados expressivos.

Podemos citar alguns benefícios do *coaching* esportivo como objetivo de metas com seu autoconhecimento; autoconfiança e melhor controle dos estados emocionais; melhora da concentração, autoestima e determinação; elaboração do planejamento profissional, pessoal, autodisciplina e trabalho em equipe e automotivação.

Verificamos que para a obtenção da saúde precisamos procurar o autoconhecimento, assim como no trabalho de *coaching* esportivo, criando novos estilos de vida com diferentes hábitos e, principalmente, acreditando que podemos mudar nossa vida para melhor, com plenitude, gratificação e propósito.

O *coaching* não é uma profissão regulamentada. O esforço de sistematização e de credibilidade se dá no aumento de pesquisas e estudos científicos que são apresentados.

De acordo com Margaret Moore (2011), há evidências na literatura de que o *coaching* é capaz de melhorar resultados de saúde em condições crônicas, como doença cardiovascular, diabetes, asma, dor em câncer entre outras enfermidades físicas e mentais.

Diante desta abordagem, constatamos que para a obtenção da saúde precisamos procurar o autoconhecimento.

Referências

BERNARDINHO. *Transformando suor em ouro*. RJ, Ed. Sextante, 2006.

DIENER, E. *Subjective Wellbeing*. Psychological Bulletin, 2000.

GALLWEY, Timothy. *O jogo interior de tênis*. Ed. Textonovo, 1996.

GUEDES. *Responsabilidade social e cidadania empresariais*. Dissertação (Mestrado em Administração de Empresas da Pontifícia Universidade Católica de São Paulo). São Paulo: PUC/SP, 2000. 170p.

JORDAN, Michael. *Nunca deixe de tentar*. RJ, Sextante, 2009.

MOORE, M. *Coaching psychology manual, Lippin Willians and Wilkins*, 2009.

NAHAS, M.V. *Atividade física e qualidade de vida:* conceitos e sugestões para um estilo de vida ativo. Londrina, Midiograf, 2010.

OGATA, SIMURRO, S. *Guia prático de qualidade de vida*. RJ. Elsevier. 2009.

PALMER, TUBBS, WHYBROW. *Health coaching to facilitate the promotion of health behavior and achievement of health-related goals*. Int J Health Promotion. Ed .41. 91-93.2003.